粮食和物资储备
改革发展研究
（2022）

中国粮食研究培训中心
国家粮食和物资储备局软科学评审专家委员会

人民出版社

编委会

编委会主任

黄　炜

编委会副主任

颜　波　陈玉中　赵广美　王世海　刘珊珊

执行主编

王世海　刘珊珊

编辑

王　娟　崔菲菲　胡耀芳　张慧杰

前　言

2022 年是党的二十大召开之年，是"十四五"规划实施的关键一年。在国家粮食和物资储备局党组的正确领导下，中国粮食研究培训中心坚持以习近平新时代中国特色社会主义思想为指导，全面贯彻落实习近平总书记关于确保国家粮食和物资储备安全的重要指示批示精神和党中央、国务院的决策部署，聚焦粮食和物资储备安全核心职能，以及粮食和物资储备改革发展面临的重点难点问题和突出现实问题，深入开展研究，组织各有关单位完成了 70 项软科学课题，形成了一批具有针对性、实效性和创新性的软科学研究成果，通过咨政建议、政务信息、公开发表等方式加强转化运用，为政策决策和实际工作提供了有力支撑。

为切实发挥软科学研究围绕中心、服务大局，加快推动粮食和物资储备深化改革、转型发展的积极作用，经国家粮食和物资储备局同意，我们精选 33 篇具有重要参考和实用价值的 2022 年度软科学研究核心成果汇编成册，分为稳步提升粮食安全综合保障水平、扎实推进粮食安全和物资储备安全法制建设、加快推动粮食安全和物资储备安全管理体制机制改革、全面落实粮食安全党政同责、持续强化粮食购销领域监管、大力推动粮食产业高质量发展、有效保障粮食市场稳定等7方面内容，供各有关单位和同志们借鉴参考。

在此，向所有关心和支持软科学研究工作的领导、专家和同志们表示衷心的感谢！不足之处，敬请批评指正。

中国粮食研究培训中心

国家粮食和物资储备局软科学评审专家委员会办公室

2023 年 1 月

目　录　| CONTENTS ▶

第三篇　加快推动粮食安全和物资储备安全管理体制机制改革

第四篇　全面落实粮食安全党政同责

第五篇　持续强化粮食购销领域监管

第六篇　大力推动粮食产业高质量发展

第七篇　有效保障粮食市场稳定

第一篇

稳步提升粮食安全综合保障水平

创新完善主销区粮食市场化收购机制
助力增产增收乡村振兴

粮食收购是连接粮食生产和流通的重要环节。做好粮食收购工作，对于保护农民种粮积极性，促进粮食稳产增收，保障国家粮食安全，推动乡村产业振兴具有重要意义。广东作为我国改革开放的先行地、全国最大的粮食主销区，在粮食收购领域早早开始了市场化探索。通过回顾广东粮食收购发展变化，分析主销区粮食收购的主要特点，及粮食市场化收购与实施乡村振兴战略的结合点，探索创新和完善主销区粮食市场化收购机制，助力粮食增产农民增收。

一、广东粮食收购发展历程

1979 年至 1983 年，逐步改革 1953 年以来一直实行的统购统销体制，缩小统购统销范围和取消奖售粮政策。1984 年开始，在深圳特区率先进行放开粮油经营的试验，对深圳市粮油管理实行"一包两放"，即对深圳市粮油调拨和财务指标实行包干，放开粮食和食油经营，成为改革开放的先行试验区。1985 年，取消粮油统购，改为合同订购，定购以外的粮食可以自由上市，取消各种奖售粮，粮食统购统销的僵化模式被打破。1992 年起，广东按照"计划指导、放开价格、加强调控、搞活经营"的原则，在全国率先改革粮食购销管理体制。同年，停止省通用粮票、流动粮票的流通，居民无需凭粮簿敞开供应，成为全国第一个停止使用粮油票证的省份，被评为"广东改革开放 30 件大事之一"。号称"中国第一票""第二货币"的粮票悄然退出历史舞台。以统购统销的粮油管理制度为标志的粮食计划经济的票证时代结束，市场经济时代开启。1994 年，实行定购粮保护价收购。1995 年以后陆续推进"两条线运行"等一系列政策措施。同时按照"本业为主，多种经营，多元发展"的思路发展粮食经济。2001 年起，按照"稳定生产能力，自主种植经营；取消定购任务，放开购销价格；规范市场管理，搞活粮食流通；政府分级负责，确保粮食安全"的思路，发展多元化粮食市场主体，粮食购销逐步走向高度市场化。根据国家有关政策，广东不纳入国家粮食最低收购价执行预案执行省份。2004 年，结合本省粮食主产品种为稻谷（占粮食产量约 9 成）的实际，制定《稻谷最低收购价执行预案》，于 2019 年进行了修订。

二、广东粮食收购呈现"一高三不高"特点

广东作为全国经济大省、常住人口大省、最大粮食主销区，粮食收购主要特点可归结为"一高三不高"。

（一）**"一高"即市场化程度高**。一方面，广东粮食收购市场放开早，市场意识深入人心，多元市场主体活跃，种粮农民习惯找市场不找政府。另一方面，广东种粮成本高，特别是土地成本，尤其以珠三角地区表现较为突出。据相关统计数据，广州番禺区土地流转成本 1540 元 / 亩 / 年，如果计算土地流转成本，水稻种植每亩净利润为负 980 元。佛山市近 2 年耕地平均租金约为 2767 元 /

亩／年。东莞市的平均地租为1000—3000元／亩／年，按最低收购价收购远不能覆盖成本。此外，广东优质稻种植比例也比较高，加之属于粮食主销区，粮食产不足需，价格均高于国家最低收购价，稻谷最低收购价执行预案制订以来从未启动。

（二）"三不高"。一是各级政府对粮食收购关注度不高。改革开放以来，广东人口连年增长，经济发展连上台阶，原本不宽裕的土地资源愈发紧张，粮食产量逐年下滑，粮食收购在经济社会中所占比重越来越小。同时粮食行政管理部门历经多次改革，各级行政力量特别是基层行政力量严重不足，无法对粮食收购给予更多关注。二是国有企业参与度不高。广东省收购主体主要为经纪人以及本地部分粮食加工企业。为降低廉政风险，许多地区规定储备粮收储轮换必须通过竞价交易进行，制约了国有粮食企业参与本地粮食收购。其中2021年全省国有粮食企业共收购本地产稻谷28.3万吨，仅占当年产量的2.2%。由于国有企业参与收购程度不高，收购信用贷款需求也不大。而参与收购的多元市场主体收购资金以抵押贷款和自有资金为主，难以获得信用贷款。三是规模化收购程度不高。广东省种粮户主要分为三类，第一类为普通农户，种植自家承包土地，一般种植面积为1—5亩不等；第二类为种粮大户，主要指承包农户流转的土地种植，种植面积50—1000亩不等；第三类为农村合作社或公司，将一个或几个自然村的土地交由合作社进行集中管理，种植面积一般为几千亩。尽管近年来规模化种植逐步发展，但普通农户仍占有相当比例。据统计，2021年第一类种粮户种植面积占总种植面积的比例达88%。规模化种植水平不高，粮食种植品种多，稻谷品质差异大，不利于规模化加工转化或用作储备粮轮换，增加了规模化收购的难度，一定程度上不利于市场化收购开展。具备一定规模的粮食企业更乐意到产区采购稻谷，本地稻谷收购量长期处于较低水平，以 2021 年为例，全省统计稻谷收购量 51 万吨，仅占全年产量的 4%。规模化种植水平低的区域由于烘干设备的使用和维护费用远大于收益，烘干能力建设动力不足。

三、创新完善粮食收购机制，助力乡村振兴的实施路径

（一）强化各级政府抓好粮食市场化收购的主体责任。一是落实粮食安全"党政同责"。广东作为主销区，必须坚决贯彻落实习近平总书记关于"全面落实粮食安全党政同责，主产区、主销区、产销平衡区要饭碗一起端、责任一起扛"的重要指示精神，强化各级政府粮食安全责任。充分发挥粮食安全责任制考核的指挥棒作用，在粮食收购方面创新考核指标设置，细化量化考核指标，督促引导各级政府结合实际抓好市场化收购。二是发挥好政府兜底收购作用。贯彻落实《广东省稻谷最低收购价执行预案》，做好稻谷最低收购价执行预案启动准备，确保达到最低收购价收购条件时能迅速启动收购，切实保障种粮农民利益，给种粮农民吃上"定心丸"。三是抓好市场化收购监督管理。在大力推进"放管服"的同时，也要充分发挥粮食收购企业备案制度在规范收购行为、收购形势分析研判、收购数据统计等方面的作用，探索符合市场化收购实际的监督管理方式，全面掌握粮食收购市场情况。

（二）充分发挥各类收购主体入市收购活跃市场的作用。一是有效发挥国有粮食企业在粮食收购方面的托底作用。要鼓励国有粮食企业通过积极参与本地粮食收购的方式进行地方储备收储或轮

换，收购与储备在政策上要进行协调。要建立健全科学合理的收购补偿机制，国有企业要充分发挥托底作用，敞开收购，切实解决种粮农民担心粮食无处卖的顾虑。要充分发挥收购与储备的协同作用。可以考虑设定一定的专用储备指标，由国有企业定向收购本地（本省）产粮食用作储备粮。也可探索将农民合作社、订单收购企业纳入地方储备承储企业行列，给予一定地方储备承储计划，实行产地收购、储备。二是充分发挥民营粮食企业活跃收购市场的作用。坚持市场化导向，民营企业收购本地粮食可与社会责任储备相结合，并根据收购数量给予适当补贴。三是发挥粮食经纪人反应迅速的优点。粮食经纪人是推动粮食收购开展的一支重要力量，也是连接农民与市场、粮食企业的桥梁和纽带。要充分发挥粮食经纪人经营灵活，能快速适应市场变化的优势，探索建立粮食经纪人登记制度，引导广大粮食经纪人按照粮食流通管理条例等相关规定，积极配合开展收购统计，助力市场化收购。

（三）以粮食产业化和产后服务社会化推动市场化收购提质增效。一是强化粮食产业化对市场化收购的促进作用。通过"公司＋基地＋农户""订单收购"等形式，带动粮食产业专业化、集约化和规模化，促进企业与农户间形成利益共享、风险共担的利益共同体，实现粮食生产和收购融合，提升粮食生产效率和种粮收益。应加大对农民合作社、订单收购企业的政策扶持，将其纳入农业产业链供应链建设范畴给予相应财政、金融等方面政策支持。二是建立与粮食生产相适应的收购网点布局。结合种粮农户结构，充分照顾种粮散户利益，按照种粮农户地域分布，建立完备的稻谷收购网络体系，确保"种粮有人买"，杜绝"卖粮难"现象发生。三是提升粮食收购服务水平。要聚焦关键环节，构建完备的产后服务体系。

加强对极端天气条件的评估预测，按照极端天气标准，强化快速收割能力建设；从稻谷种植的空间分布、交通状况等方面周密考虑烘干能力布局，确保极限天气条件下烘干能力的有效覆盖；预备充足的周转仓容，保障突发性临时储存的仓容需求。改进农户储粮政策支持措施，可考虑依托具备实力的龙头企业，在产区建设"公共仓"，由政府给予一定运营补贴，解决农户储粮问题。要完善粮食行业信用体系，从根本上解决非国有粮食收购主体抵押物不足、抵押成数低、收购资金保障难度大的问题，形成各类金融机构参与收购资金供给的良好局面。要提高粮食收购信息化水平，多途径发布粮食价格信息，畅通信息获取渠道，使粮食价格充分反映市场供求，确保种粮农户收益最大化。

（来源：广东省粮食和物资储备局承担的 2022 年度国家粮食和物资储备局软科学课题《进一步完善和创新主销区粮食市场化收购机制助力乡村振兴的探索研究》。课题负责人：肖晓光，课题组成员：邓伟珍、吴少宇、逄清秀、王发恭、程磊、刘建姣、李平、王会会，中国粮食研究培训中心刘珊珊、王娟、张慧杰摘编，王世海审核）

推动三大主粮保险全覆盖
助力筑牢国家粮食安全防线

　　水稻、小麦和玉米是我国三大主要粮食品种，确保主粮安全始终是关系国计民生的头等大事。粮食生产极易受自然和市场风险的双重影响，为进一步帮助粮农抵御自然灾害，分散化解粮食生产风险，稳定种植三大主粮收益，从 2007 年起，我国先后在部分省份开展三大粮食作物完全成本保险和收入保险试点，2022 年中央一号文件提出实现主产省份产粮大县三大主粮完全成本和种植收入两种保险全覆盖，三大主粮作物农业保险产品不断丰富，保障水平逐步提高，有效保障农户种粮基本收益，激发农民种粮积极性，保障了我国粮食安全。但在实施过程中还存在诸多难点堵点，亟需深入研究及时解决，以便全面有效推广。

一、我国主粮保险实施情况

　　（一）主粮保险试点进程。新中国成立以来，经过长期探索，我国已形成一定规模特色的粮食保险。2004 年，主要包含三大主粮保险在内的农业保险作为支农惠农政策列入中央一号文件；2007 年，国家拨付 10 亿元专项资金，在江苏、湖南、内蒙古、吉林、四川、新疆等 6 个省区，对水稻、玉米、小麦、大豆和棉花等 5 种农产品进行保险试点；2020 年，三大主粮总体承保面积达 11.6 亿亩，覆盖面约 70%；2021 年 6 月，财政部、农业农村部、银保监会三部门，联合印发《关于扩大三大粮食作物完全成本保险和种植收入保险实施范围的通知》，在 13 个主产省份的产粮大县先后开展完全成本保险以及种植收入保险。

（二）**主粮保险主推品种**。我国大力推广的主粮保险主要包括完全成本保险以及种植收入保险。完全成本保险，是指保险金额覆盖直接物化、土地以及人工成本等粮食生产总成本，主要目的是保障粮食生产的总成本，避免粮农因自然灾害遭受损失。种植收入保险，是指保险金额体现粮食价格和产量，覆盖三大主粮种植收入，主要目的是保障粮农收入，避免粮食市场价格波动对其造成影响。这两种保险的对象为粮食主产省份全体粮农（含适度规模经营的农户和小农户）。

（三）**补贴模式及相关要求**。上述两种保险补贴比例均为：在省级财政不低于 25% 补贴的基础上，中央财政对东部地区、中西部以及东北地区的参保补贴分别为 35%、45%。两种保险保障水平要求均不高于相应品种种植收入的 80%，保险综合费用率不高于 20%。2022 年，粮农可在直接物化成本、完全成本保险或种植收入保险产品中自主选择，但不得重复投保。

（四）**实施范围不断扩大**。2021 年 1 月 1 日起，国家扩大对黑龙江、四川、江苏等 13 个粮食主产省份产粮大县的三大主粮保险的实施范围，纳入补贴范围的实施县共 500 个，约占主产省份产粮大县总数的 60%。2022 年中央一号文件提出，在 13 个主产省份涉及的 821 个产粮大县实现三大主粮保险全覆盖，以稳定种粮农民收益。

二、当前主粮保险推广存在的问题

（一）**风险保障水平低，风险分散机制不健全**。一是风险保障水平较低。目前国家对主产区粮食最低收购价实行全国统一价格，但中央财政对东部、中西部以及东北地区的参保补贴差距较大；我国农业保险以成本保险为主，主要保障农民的物化成本损失，保险金额一般为总成本的 50%，不能为收入提供有效保障；以保障产量风险为主，较少覆盖价格风险，难以满足农户的风险保障需求；三大主粮的投保率较低，保险覆盖范围窄，覆盖率不足 70%，主要为主产省份所有产粮大县，未实现全国所有粮农和规模种粮大户主粮保险红利公平化，严重影响农户投保积极性。二是完善的风险分散机制缺乏。相较于一般的财产保险，农业保险更容易受到大灾风险的影响而产生巨额赔付。2014 年我国成立了中国农业保险再保险共同体，填补了我国在农业再保险方面的空白，为我国农业保险提供了稳定的再保险服务。但"农共体"主要是商业化经营，支持力度不大。直到 2020 年我国才建立中国再保险公司，受农业再保险制度不完善等因素制约，在建立农业再保险和巨灾风险准备金方面尚未探索出较好的发展模式。

（二）**保险公司业务开展难度大，灾后赔付比例高企**。一是主粮保险推广难度大。与生产经济作物不同，生产粮食的农民贡献不小，但收入不高，保费承受能力更差，从而造成主粮保险推广难度较大；由于粮食生产周期较长，价值不断增长，其间受疫情、战争、金融危机、能源紧张等国内外因素影响，市场价格会有所波动，叠加受灾时间的不确定性和粮农各自投入成本的差异化，给保险赔付金额的精准确定造成较大困难；粮食种植范围广、种植数量多，一旦受灾，保险公司需花费大量人力物力去现场确定受灾损失情况，精准定损难以保证。二是灾后损失赔付比例高。我国粮食保险发展仍处于初级阶段，面临大灾风险的概率要远远高于其他普通保险，赔付比例也相应高于其他普通险种。中国人民保险公司多年来开展的稻谷、玉米等粮食作物保险，平均赔付率均在80%以上，而玉米的保险赔付率几乎年年都达到100%。三是政策支持力度不够。我国实行政策性农业保险制度，通过保费补贴降低了农民购买农业保险的成本，但对保险公司的支持度不高，目前除了提供一定的税收优惠外，无其他优惠政策，保险公司面临较大的经营风险。

（三）粮农保险意识不强，投保意愿分化严重。一是风险防范意识不强。由于许多粮农对粮食种植缺乏预见性，防范风险意识不强，未能充分认识参保对降低风险、提供保障的重要作用，加上种粮收益本来不高，更不愿意为此再付出一份保险成本。二是保险政策了解不够。由于宣传力度不够，许多粮农对主粮保险具体政策缺乏了解，对保险品种的选择、理赔申报方式及赔付范围等一知半解；有的粮农将主粮保险与其他政策性种粮补贴混为一谈，认为参保后即使不受灾，保险公司也应给予一定的保底返还；在无灾害年份保险公司没有任何金额返还，粮农甚至感到保费"打了水漂"。三是投保意愿分化明显。主粮保险助力粮农"旱涝保收"，总体上看，粮农投保需求比较旺盛，但粮农参保意愿两极分化趋势明显，适度规模经营农户因经营规模和投入较大，其面临粮食种植风险也相应较高，参保的意愿较强，大多数愿意积极投保；而一些种植规模小的农户投保意愿相对较低，或只对一些缴费较低的保险感兴趣，如直接物化成本保险等。

三、相关对策建议

（一）**加大政府支持力度**。一是政策倾斜。各级政府应在补贴保费、税收优惠的政策制订、计划落实等方面加强顶层设计，给予相关保险公司一定的经营补贴，对主粮保险业务有关环节提供税收优惠，以降低主粮保险业务成本；对有经济压力的种粮大户，给予一定的特殊补贴，并适当缩小对东西部财政补贴差距。二是加强监管。政府应加强对产粮大县的保险补贴资金监管，防止资金违规挪用；加强对主粮保费补贴资金的全周期管理，防止保险机构虚假理赔、套取保险补贴；加快完善《农业保险条例》等立法，完善配套政策措施，明确政府在主粮保险中的职责；要突出上下联动，实行横向协调的长效监管机制，不断强化综合绩效管理。加快建设农业数据信息服务平台，使其成为政府管理农业保险的重要工具，以及承接支农惠农政策和指导农业生产的重要抓手，提高农业保险政策的精准性、实效性；充分利用智能化、数字化、信息化等手段，对保险数据进行交叉验证，切实提高数据的准确性和真实性，不断夯实主粮保险监管质效。三是健全风险分散机制。鼓励各地结合实际探索开展农业保险创新试点，开发标准化农业保险产品，完善风险区划和费率调整机制及农业保险大灾风险分散机制，形成多方参与、风险共担的"全链条"农业保险大灾风险分散机制。

（二）**提升承保机构服务水平**。一是坚持保本微利。建议主粮保险参考《机动车交通事故责任强制保险费率浮动暂行办法》，如果上一年度参保粮农没有发生各类灾害，保险公司没有支付赔付款的，可以适当降低第二年的保费，以后以此类推；对于贫困户的主粮保险，由其个人缴纳部分，承保机构可根据实际情况，给予部分或者全部减免，让主粮保险惠及更多粮农。二是提升服务质量。应进一步简化理赔流程，不断提高理赔服务质量和水平。利用人工智能系统等各种高科技手段，对粮食进行长势监测、产量估计、风险评估和灾情查勘，提升承保理赔效率和精准度。三是创新保险品种。承保机构应优化险种，积极探索主粮保险再保险，满足不同农户的需要和粮食生产的需求。可以探索以主粮保险风险保障为基础，将保险责任延伸覆盖至粮食生产设施、生产环境污染、粮农人身意外和疫情防控等全风险领域。

（三）提高粮农参保意识。政府应通过扩大政策宣传，普及保险知识，鼓励农民参保。一是积极参保。粮农要及时转变"靠天吃饭"理念，根据自身实际，积极主动参加主粮保险。二是科学参保。对于适度规模经营的农户而言，可根据土地好坏、投入大小等实际情况灵活选择参加物化成本保险、完全成本保险或者种植收入保险；对于一般小农户而言，结合实际情况选择参保险种，以避免遭灾受损。三是诚信参保。粮农在参加主粮保险时应诚实守信、实事求是地追求合法合理利益，坚决杜绝冒保、替保和虚保等骗保行为。

（来源：江苏省南通市通州区粮食购销有限公司特约调研员团队承担的 2022 年度国家粮食和物资储备局软科学课题《高质量推进主粮保险路径研究》。课题负责人：凌华，课题组成员：陈一鸣、吴奇，中国粮食研究培训中心胡耀芳、王娟、刘珊珊摘编，王世海审核）

践行大食物观
系统化解饲料粮供应风险

习近平总书记强调，老百姓的食物需求更加多样化了，这就要求我们转变观念，树立大农业观、大食物观。在确保粮食供给的同时，保障肉类、蔬菜、水果、水产品等各类食物有效供给，缺了哪样也不行。大食物观要求我们，必须高度重视饲料粮在国家粮食安全中的特殊重要地位，清醒认识饲料粮还将大幅增加的发展趋势，深入分析研判当前面临的巨大风险挑战，采取有效措施积极应对，为中华民族伟大复兴奠定坚实的粮食安全保障基础。

一、饲料粮对保障粮食安全具有特殊重要地位

饲料粮是指用作畜禽水产等动物食物的粮食。其中，玉米是主要的能量饲料（占饲料的 70% 以上），高粱、小麦、大麦等是能量饲料的补充；大豆是主要的蛋白饲料（约占饲料的 20%），油菜粕、棉粕、葵花籽粕等是蛋白饲料的补充。动物性食品是人类食物蛋白的主要来源和能量的重要来源。综合国家统计局和中国营养学会数据，2020 年我国居民人均每天消费肉、蛋、奶、水产品等动物性食物 271 克，比 2013 年增长 77%，远低于健康膳食推荐标准的 420—500 克，未来还有很大的增长空间。饲料粮产需贸易具有

以下三个显著特征。

（一）**产量规模最大，粮源分布高度集中**。一是种植面积占全球粮食作物的52%。美国农业部数据显示，2020/2021年度，全球玉米种植面积约为30亿亩、产量超过11亿吨，分别占全球粮食的24.6%、37.6%，分别比2000/2001年度增长45%、91%；其中美国产量3.58亿吨（约占全球32%），中国2.61亿吨（占全球23%以上），巴西0.87亿吨（约占全球8%）。大麦和高粱种植面积为14亿亩、产量33.3亿吨，与2000/2001年度相比，种植面积略有下降，产量增加了17.8%。大豆种植面积为19.2亿亩、产量3.68亿吨，分别比2000/2001年度增加72%、109%，其中巴西产量1.39亿吨（约占全球38%），美国1.15亿吨（约占全球31%），阿根廷0.46亿吨（约占全球13%）。二是出口国集中分布在北美、南美、黑海地区。美国农业部数据显示，2020/2021年度，全球玉米出口总量为1.82亿吨左右，其中美国6992万吨、阿根廷4094万吨、乌克兰2386万吨、巴西2102万吨，全球大豆出口量为1.65亿吨，其中巴西8165万吨、美国6152万吨、巴拉圭633万吨。我国进口大豆9976万吨（占全球60%），其中95%以上集中在巴西、美国、阿根廷3个国家；进口玉米2950万吨（占全球16%），90%以上集中在乌克兰、美国2个国家。此外，进口肉蛋奶等1000多万吨，折合饲料粮3000万吨左右。三是国内主产区集中分布在东北华北地区。国家统计数据显示，2021年我国粮食播种面积17.6亿亩，产量6.83亿吨。其中玉米播种面积6.5亿亩，产量2.7亿吨；河北、内蒙古、辽宁、吉林、黑龙江、山东、河南7个省份产量超过2000万吨，总产量1.9亿吨，约占全国的70.4%。大豆播种面积1.26亿亩，产量1640万吨；内蒙古、黑龙江、四川3个省份产量超过100万吨，总产量 992 万吨，约占全国的 60.5%。

（二）消费总量最多，需求增长势头迅猛。一是全球饲料粮有关品种消费占粮食消费量的 58%，比 2000 年上升 8 个百分点。行业专家分析认为，2021 年全球饲料产量 12 亿吨左右，需消耗饲料粮 20 亿吨左右（饼粕类折算成原粮计算，下同），比 2000 年翻了一番。美国农业部数据显示，2020/2021 年度，全球玉米消费量 11.45 亿吨，占全球粮食消费量的 38.1%，比 2000/2001 年度增长了 6.87%；大豆消费量 3.64 亿吨，占全球粮食消费量的 12.1%，比 2000/2001 年度增长了 3.33%。二是国内饲料粮有关品种消费占粮食消费的 60% 左右，比 2000 年上升 30 个百分点。综合有关研究机构和行业协会数据，2021 年我国饲料产量 2.53 亿吨，超过全球的 20%，消耗饲料粮 4.4 亿吨左右，是 2000 年的近 3 倍。国家粮油信息中心数据显示，2021 年，全国玉米消费量 2.75 亿吨，约占全国粮食消费量的 36.8%，比 2001 年增长了 15.4%；大豆消费量 1.17 亿吨，占全国粮食消费量的 15.6%，比 2001 年增长了 10.2%。

（三）市场贸易最活跃，价格波动频繁剧烈。一是全球饲料粮贸易量占粮食的 55% 左右。美国农业部数据显示，2020/2021 年度，全球玉米贸易量 1.9 亿吨左右，占粮食贸易量 28% 左右，比 2000/2001 年度增加了 1.06 亿吨，占粮食贸易量的比例上升了 1 个百分点；全球大豆贸易量 1.64 亿吨，占粮食贸易量的 25.3%，比 2000/2001 年度增加了 1.11 亿吨，占粮食贸易量的比例上升了 6 个百分点。二是国际饲料粮价格波动幅度最大。联合国粮农组织数据显示，2022 年，全球谷物实际价格指数为 155.5 点，同比上升 25%，比 2000 年增长 140%。从 2000 年至 2022 年，全球谷物价格指数总体呈现 3 次较明显上涨（2008 年、2011 年、2021—2022 年）

和 3 次跌落（2005 年、2009 年、2015—2016 年）。当谷物价格波动时，饲料粮波动更为剧烈。中国粮食市场发展报告显示，相比稻谷和小麦，玉米价格波动更为明显。2008—2014 年，玉米价格持续较快上涨，2015—2016 年价格大幅下跌，2017—2020 年，玉米价格反弹并创历史新高。大豆价格与玉米价格整体变化趋势较为一致，明显上涨主要出现在 2008—2014 年、2021—2022 年两个阶段。三是国内饲料粮价格稳定性明显低于口粮。国内粮食市场价格波动幅度比国际小，但主要是小麦和稻谷价格总体稳定，玉米和大豆由于外采率高，受国际市场传导影响大，价格波动幅度相对较大。比如，2009 年玉米大豆市场价格波动幅度一度超过 30%，2016 年玉米收储制度改革期间，玉米价格一度下跌 30% 左右，随后回升幅度超过 40%。

二、饲料粮供应面临四大风险挑战

随着我国国民经济水平及人民生活水平的大幅提高，居民动物性食品消费势头强劲，国内资源环境约束越来越紧，饲料粮产需硬缺口将逐渐加大。世纪疫情、乌克兰危机等再次警示我们，国际粮食政治化、工具化、金融化、能源化趋势将更加明显，极端天气之外，地缘政治对世界粮食安全的影响日趋严重，国际市场不确定性更加突出。

（一）**需求刚性增长不可逆转，"供不上"风险越来越大。**2000—2021 年，我国饲料粮消费总量从 1.2 亿吨增加到 4.4 亿吨，增幅 266%。农业部专家预测，未来三十年，中国粮食需求仍为增长趋势，饲料粮作为粮食消费的重要组成部分，其刚性增长不可逆转。北京大学中国农业政策研究中心主任黄季焜指出，从中长期看，我国粮食安全的根本问题是饲料粮短缺，应特别关注饲料粮短缺对居民生活造成的影响。有关研究机构数据显示，多年来我国饲料粮供应始终处于紧状态。当前我国大豆缺口已超过1亿吨，自给率连续9年不足20%，玉米缺口近2000万吨，饲料粮产需缺口仍将持续扩大。

（二）粮源分布格局暂难改变，"买不到"风险越来越大。一是全球自然资源和生产资源分布不可改变。粮食生产日益向农业资源优势区域集中。以玉米生产为例，世界玉米生产最适区域位于北纬50°至南纬40°之间，形成了世界三大黄金玉米带，即美国玉米带、乌克兰玉米带，以及我国的吉林玉米带。二是全球生产能力和技术条件短期内难以突破。中国农业大学经济管理学院司伟教授指出，生产格局与种植习惯的改变是一个长期过程，例如俄罗斯大豆产量约为300—400万吨，可贸易量不足100万吨；加之如乌克兰、缅甸、中亚五国等存在产业链配套不足、品种质量不高、港口运输配套等问题，产能提升不可能一蹴而就。我国农业资源严重匮乏，耕地资源短缺，人均耕地1.4亩，仅为世界平均水平的一半左右；水资源不足，人均水资源仅为世界平均水平的1/4；耕地可持续性生产危机加重。粮食主产区耕地变薄变浅，东北土地严重退化、华北西北水土流失、华东华中土壤板结、华南西南重金属污染等。

（三）运输物流通道缺乏韧性，"运不回"风险越来越大。一方面，进口物流通道脆弱单一。《全球粮食贸易中的阻塞点》报告指出，全球粮食贸易中存在14个至关重要的阻塞点，其中巴拿马运河、苏伊士运河、土耳其海峡等海洋阻塞点8个，黑海港口和美国墨西哥湾区港口等沿海阻塞点3个，美国内陆航道和巴西公路网等内陆阻塞点 3 个。我国是粮食进口大国，约有 90% 的粮食进口以海运方式进行，且至少需经过一个海洋阻塞点，粮食进口面临"卡脖子"风险。地缘政治、乌克兰危机和新冠肺炎疫情警示我们，任何一个或多个阻塞点出现中断，都将引发粮食短缺和价格飞涨。另一方面，国内粮食流通存在短板弱项。近年来，国内粮食运输大通道建设长足发展，但粮食流通体系建设仍存在效率低、成本高、发展不平衡、标准性差、信息化滞后等一系列问题，长江流域沿线、广西西江沿线、西南地区、西北地区仓储物流设施建设薄弱，粮食运输通道总体呈现"北重南轻""主线强支线弱"等局面，制约了粮食运输的"最后一公里"。

（四）政府储备库存规模薄弱，"稳不住"风险越来越大。 多年来，国家强调口粮安全。国家粮油信息中心统计显示，当前从粮食储备品种来看，我国粮食政府储备中的小麦、稻谷等口粮品种占比已超过 70%，玉米和大豆等饲料粮品种占比不高。根据中华粮网数据，玉米和大豆在中央储备中占比较小，在地方储备中占比更少，不足 10%。中国农业大学有关专家指出，现有储备粮品种结构不够合理，没有兼顾饲料粮品种的比例，玉米和大豆等储备库存规模薄弱，无法满足消费升级的巨大需求。在当前口粮消费逐渐下降、肉蛋奶消费快速增加的背景下，极易影响畜产品的稳定供应。

三、保障饲料粮供应维护国家粮食安全的对策建议

（一）多措并举增强国内自给能力。 一是突破饲料粮种子"卡脖子"技术。加强玉米大豆等饲料粮高产科技攻关；增加以绿色生态为导向的育种研发力度，生产饲料版好玉米、好大豆；培育畜禽

专用饲料粮品种，发展适用品种，提高利用效率。二是开发利用后备耕地资源。稳住主产区耕地面积和粮食种植面积，坚决守住耕地红线，稳定生产面积的同时，针对部分平衡区耕地资源利用不够充分的情况，精准施策，如新疆现有耕地超过 1 亿亩，而粮食种植仅 3000 万亩左右，有大量可开发利用的耕地。三是保护农民饲料粮种植积极性。牢牢守住农民"种粮卖得出"的底线，适时在部分主产区启动调节性收储政策，保护农民种粮的基本收益；健全农业保险、耕地地力补贴等粮食支持保护制度，拓展粮食产加销增值空间，使农民获得更多收益。

（二）**多管齐下增强粮食流通能力。**一是强化粮食流通物流骨干通道建设。建设粮食物流港，打造连接国外粮食主产区与国内主销区的国内外物流大通道；强化沿长江、沿运河、沿海等"两横六纵"粮食物流重点线路建设，完善淮海、东北等八大粮食物流通道，打造粮食运输跨地区、长距离、高运量物流通道。二是畅通区域粮食流通毛细血管。根据粮食生产、加工等实际需要，加强各省市县薄弱地区的粮食流通基础设施建设，确保粮食运输畅通无阻，避免最后一公里堵塞。三是健全粮食仓储园区和物流节点建设。支持国内大型企业深入欧洲、美洲等粮食主产区布局仓储物流园区，在全球重要粮食出口和内陆物流节点布局粮食中转基地；健全国内粮食仓储园区建设，完善粮食存储、中转、加工、贸易、检测等功能，建设高效顺畅的饲料粮"产购储加销"一体化体系。四是加强产销衔接。完善饲料粮市场国内外信息监测和发布机制，随时掌握饲料粮供求数量、品质和市场价格变化，为市场参与主体和决策部门及时提供信息指导和服务；通过互联网平台、产销合作洽谈会等，线上线下多渠道组织粮食购销和仓储企业，加强区域间饲料粮调运，引导鼓励饲料用粮企业在产区建立优质专用饲料粮生产基地，做到按需生产、定制化生产；提升粮食企业和饲料养殖企业信息化、自动化和智能化水平。

（三）**多策共施增强保供稳价能力**。一是增加饲料粮政府储备。改善粮食仓储设施，增加高标准现代化中心粮库的建设数量，采用绿色环保等储粮新技术；根据饲料粮生产实际和储备调控需要，逐步调整优化粮食储备的品种结构；建立现代新型饲料粮储备制度体系，增加饲料粮特别是玉米、大豆等的储备规模。二是完善储备吞吐调节机制。加强中央和地方两级储备在粮食库存品种结构、吞吐轮换机制等方面的互补，发挥中央储备粮"压舱石"作用和地方储备粮的"第一道防线"作用；调整储备布局，在经济欠发达地区，适当增加粮食储备点；适当降低拍卖价格，鼓励引导加工类和流通类经营主体参与竞购。三是完善市场价格应急调控预案。通过轮换吞吐、购销调节等方式调控饲料粮供求关系，稳定饲料粮市场价格；强化市场监测预警，设立各级粮食市场信息监测点，动态掌握粮食市场的供求变化情况；制定应急响应机制，建立政府储备投放、外埠货源运送、价格临时干预等应急调控措施；完善省市县粮食应急供应网点，确保应急加工企业数量和应急粮食加工能力。

（四）**多点突破增强全球供应能力**。一是建立粮食安全合作友好国家名单。明确各重点国家农业合作优先次序与重点任务，加强在南美、黑海地区、亚洲新兴市场国家等建设我境外粮食生产、加工、仓储、物流基地，打通农业产业链关键环节，重点加强大豆等国内短缺品种饲料粮的全产业链布局；加强物流通道建设，建设玉米、大豆等关键饲料粮物流节点；拓展饲料粮贸易"朋友圈"，在加强与南美、东欧等传统粮源地合作的基础上，开拓新的粮源进口地，丰富粮食进口来源与进口结构，提高饲料粮进口的稳定性与可靠性。二是支持发展中国家增强粮食生产能力。全面评估发展中国家的粮食生产潜力，通过援外培训、技术援助等方式为其提供我国农业发展经验和粮食生产技术，帮助其提高粮食生产能力和粮食减损能力；合作建设境外大型农资生产基地，完善全球农资供应格局，打造我国农资境外储供体系。三是积极参与全球粮食安全治理。推动建立区域机制，扩大粮食安全合作范围，打造包容性粮食安全治理多边平台；加大对全球农业政策、饲料粮国际市场信息的收集与研究，推进农业大数据中心建设，构建粮食安全跨国监督预警机制，强化饲料粮安全保障能力；加强与联合国粮农三机构及"一带一路"农业合作国家的协调共商，维护公正合理的全球粮食安全治理环境。

（来源：中国农业科学院农业信息研究所承担的 2022 年度国家粮食和物资储备局软科学课题《践行大食物观系统化解饲料粮供应风险研究》。课题负责人：王锐，课题组成员：高丹桂、张蕙杰、崔菲菲、杨勇，刘珊珊、王世海审核）

节粮减损治理成效、存在问题及对策建议

粮食安全是事关人类生存的根本性问题，减少粮食损耗是保障粮食安全的重要途径。党的十八大以来，以习近平同志为核心的党中央高度重视节粮减损工作，强调要采取综合措施降低粮食损耗浪费，坚决刹住浪费粮食的不良风气。当前，全球粮食需求刚性增长，新冠肺炎疫情起伏不定，全球粮食产业链、供应链不确定性风险增加，推进节粮减损意义重大，必须坚持开源与节流并重、增产与减损并行，全方位全链条减少粮食损失和浪费，耕好节粮减损这块"无形粮田"，把住粮食安全主动权。

一、我国节粮减损取得显著成效

（一）**农户源头减损服务支撑体系逐步健全。**"十一五"至"十三五"期间，我国持续实施农户科学储粮专项，积极研发和示范推广农户科学储粮技术。截至 2021 年底，已建立粮食产后服务中心 5500 多个，基本实现全国产粮大县粮食产后服务全覆盖，所覆盖区域粮食损耗浪费和霉变损失均有所下降；累计建成农户科学储粮仓近 1000 万套，项目实施地区农户储粮损失率从 8% 降至 2% 左右，初步形成布局合理、需求匹配、设施先进、功能完善的专业

化、社会化粮食产后服务体系，减少粮食损耗。

（二）**储备损失保质设施技术体系取得突破**。2013—2017 年财政部安排资金支持开展"危仓老库"维修改造和粮库智能化升级。"十三五"期间，完成新建 1000 亿斤仓容，维修改造仓容 1 亿吨，大大改善了储粮条件。粮食仓储广泛应用"四合一"储粮技术，气调储粮技术应用规模达 4000 多万吨，低温准低温储粮应用仓容 1.6 亿吨以上。通过新技术应用和粮食仓储规范化精细化管理，大型国有粮食储备企业储藏周期综合损失率降至 1% 以内，仓储能耗降低 20% 以上。

（三）**粮食适度加工和循环利用技术标准体系不断完善**。在小麦适度加工方面，通过应用净麦高效清理、动态润麦、温水润麦和柔性碾麦脱皮等技术和优化制粉工艺等方式，提高出粉率、降低碎麦率、降低研磨和包装损耗，小麦总体出粉率从 76% 提高到 80%。在稻谷适度加工方面，通过稻谷保质节能烘干、科学存储等方式，结合砻谷装备、稻谷润糙、低温升碾等装备和工艺，应用稻谷加工智能化生产线和节能降耗技术等，有效提高整精米率、降低碎米率，整精米率从 40% 提高到 44%—45%，碎米率降低 3—5 个百分点，降低了稻米加工损耗。在小麦加工副产物综合利用方面，改进麦麸膳食纤维提取技术及改性技术，优化高品质麦胚（粉、油）制备技术，富含膳食纤维产品的经济效益可提高 15%—25%。在稻谷加工副产物综合利用方面，改进米糠制油、稻壳制取生物燃料、碎米／米糠生产膳食纤维技术，提高米糠、碎米的综合利用水平。同时，积极出台中国好粮油相关标准，促进粮食加工标准体系日益健全。

（四）**物流减损降耗运输体系建设和节粮减损宣传教育持续推**

进。持续提升粮食运输技术水平，推广多式联运技术，散粮集装箱技术、自动装卸技术等，有效减少运输环节粮食遗撒损耗，目前运输环节粮食损耗可控制在3‰以内。全面开展粮食节约减损宣传教育，通过建立教育宣传基地、宣讲兴粮惠农政策，普及节粮减损技术和爱粮节粮知识、评选"爱粮节粮之星"、开展"光盘行动"、建立爱粮节粮科普平台等方式营造厉行节约、反对浪费的社会氛围，促进节粮减损落实见效。

二、节粮减损工作面临的主要问题

（一）**监测评估体系有待健全完善**。从我国实际情况来看，有关社会组织、科研机构等对粮食损失和浪费进行了一些研究测算，但由于概念界定不一、边界范围不同，且粮食产业链条长、环节多，造成粮食损失浪费的成因涉及设施、设备、政策、技术、经济、管理等多方面，科学设定监测指标较为复杂，系统全面开展分析评估面临不少困难，一定程度上制约了粮食流通领域损失情况的全面分析及减损成效的量化评估。

（二）**管理流程有待进一步优化**。粮食收获和田间管理科学性精细化程度不高，存在粮食收获时机和田间品质管理不到位、清理烘干等产后服务供给时空分布不均衡等问题。产后"收储运不落地"模式尚未建立，粮食收获与流通各环节管理缺少衔接标准或标准不衔接，造成粮食田间收获损失和收获品质不高、收储衔接效率较低、质量风险增多、损失损耗增加等问题。

（三）**节粮技术有待进一步提高**。粮食收割收获一体化技术还需改进，在强调能耗和作业效率的同时，也要提升收获品质、降低收获损失；粮食快速进出仓技术，粮食装载设备、装卸技术有待升级，粮食副产物综合利用技术还需突破；加强产后收获处理技术刻不容缓；低温储粮技术、粮食收储"全程不落地技术"模式需加快推广应用等。

三、相关对策建议

（一）**健全调查监测和评估机制**。聚焦我国储备领域主要粮食品种，对农户储粮、粮库储存环节的损失损耗情况开展调查，初步摸清上述环节粮食损失损耗概况。开展数据汇总和分析测算，找到粮食流通过程中造成损失、损耗的薄弱环节，探索形成粮食产后流通损失损耗调查指标体系，开展常态化动态监测，研究建立评估粮食流通减损成效的长效机制。

（二）**加强重点领域重点环节管理**。节粮减损涉及农业农村、粮食和物资、交通运输、市场监管、统计等多部门，要做好顶层设计，明确各部门责任，建立节粮减损协调机制，强化节粮减损部门合力。要围绕节粮减损重点领域、重点环节，持续深入推进实施优质粮食工程、"粮安工程"、"智慧粮库"、农户科学储粮等节粮减损专项，及时总结经验，巩固放大成效。如在生产环节，加强排涝抗旱水利设施建设，大力实施植物保护工程和害虫统防统治，提高粮食收割机械化程度和现代化水平。在仓储环节，大力实施绿色仓储提升行动，建设绿色低温仓储设施，推动农户和粮库储粮先进技术应用。在运输环节，运用新型粮食运输装备，提升粮食运输现代化和装卸智能化水平，促进多式联运技术发展等。要强化标准引领，不断健全符合节粮减损要求的粮食全产业链标准体系。

（三）**建立完善节粮科技投入**。全面加强全链条粮食减损保质增值研究。围绕粮食收储、储藏、物流、加工、综合利用等环节减损技术需求，聚焦关键环节，持续加强储粮新技术、新工艺、新材料研发。开发农户安全储粮新技术和新装具，研发新仓型，开发低温储粮技术和储粮新药剂；推广粮食物流多式联运技术，探索粮食物流追溯技术应用；推动粮油适度加工技术和装备应用，积极开展粮油加工副产物综合利用和高值利用技术研究，多措并举指导节粮技术发展。

（来源：国家粮食和物资储备局科学研究院、北京市粮食和物资储备局、广西壮族自治区粮食和物资储备局、江南大学分别承担的 2022 年度国家粮食和物资储备局软科学课题《我国粮食减损治理经验及长效机制研究》《居民家庭成品粮油储存调查研究》《广西"智慧粮仓"助力打造"无形良田"的实践研究》《我国粮食损耗浪费政策效果评估及全产业链保障体系设计研究》。课题负责人：李腾飞，课题组成员：郑沫利、关佳晨、王笑丛、张淑娟、卢星辰、杨玉苹、王璇、毛学峰、贾伟、王学君；课题负责人：任昌坤，课题组成员：刘小青、宋春伶、许世海、杜月萍、魏斌、张冲林、王颖、赵晋方、樊永强、裴星；课题负责人：吴宇雄，课题组成员：朱其俊、甘志新、张潇尹、蓝港、植文选、李红梅、孙晓宇；课题负责人：陈红，课题组成员：龙如银、张建强、李倩文、彭旭、江世艳、黄晗、马万棋、孙青青、吴梅芬，中国粮食研究培训中心王娟、崔菲菲、刘珊珊摘编，王世海审核）

打造"优质粮食工程"升级版
赋能黄河流域粮食产业高质量发展

2021 年，黄河流域 9 省区（青海、四川、甘肃、宁夏、内蒙古、陕西、山西、河南、山东）粮食产量 23867.9 万吨，在全国占比 35%；2020 年，上述 9 省区粮食产业销售收入 11004.6 亿元，在全国占比 33.3%。黄河流域粮食产量提升直接关系着区域乃至整个国家的粮食安全，粮食产业发展直接关系到整个黄河流域的产业质效和经济发展。针对"优质粮食工程"建设赋能粮食产业高质量发展面临的实际困难和问题，立足黄河流域资源优势、产业基础，聚焦重点工程和重点行动，从优化粮食产业链布局、赋能价值链提升、增强供应链黏性等方面，提出持续打造"优质粮食工程"升级版的路径选择。

一、"优质粮食工程"建设赋能粮食产业高质量发展面临的主要问题

（一）**部分实施环节破题偏"难"**。一是多元产业融合协同发展有短板。粮食加工关联产业间横向链接不紧，粮食加工产业与设备电商产业、包装、文旅等产业紧密利益联结有待加强，各地产业间配套协同联动发展不平衡，发展成本存在差距。如，类似河南漯

河电子商务园集聚 10 余家快递，日均快递中转量达 230 余万单，典型案例还较少。二是招大引强借力发展有难度。部分项目建设主体未充分借助示范项目效应实现"引进来"和"走出去"，部分企业借力发展、开拓国际市场力度不够，限于自身业务拓展、知名企业市场布局等主客观因素，在对可口可乐、中粮集团、新希望等世界 500 强、中国 500 强等国内外知名企业招引入驻上还需进一步通盘谋划、精准发力。

（二）**示范创新引领作用偏"弱"**。一是个别建设主体带动作用发挥不到位。在因地制宜、顶层设计和统筹规划、主观能动性发挥等方面，未能充分形成政府、主管部门、企业协同推进工作的合力，存在重争取轻管理、不同建设主体建设进度不均衡等现象，在示范带动其他中小企业、衔接产业链上下游等方面作用发挥不充分。二是科研投入实际成效转化不力。表现在科研成果共同开发等体制机制不完善、产学研一体化发展程度不够高、粮食行业科研平台未能充分融入当地全域科创发展格局，示范企业与中国农科院、粮科院、江南大学等科研院所深度合作有待加强，适应快节奏、满足不同消费主体的功能营养食品、休闲方便食品、网红产品研发创新不足。

（三）**个别效能目标实现率偏"低"**。一是产后服务中心持续运营动能不足。受种粮习惯、烘干点布局与产量分布不平衡、粮农运输环节成本高等因素影响，许多粮农和种粮大户利用烘干设备意愿不强烈，加之开机成本较高，个别产后服务项目利用率不高。此外，目前日烘干能力多集中在 300—1000 吨，在服务中小型粮食种植户、粮食经纪人、个别农户方面作用发挥还不够。二是"中国好粮油"产品引领消费能力不强。调研中了解到，有的地市品牌培育奖励政策的范围多是中国驰名商标、中华老字号、地理标志产品等，系列"好粮油产品"没有纳入支持范围，产品遴选、品牌加持等助推大众消费效应还不够强，需加大政府支持力度，进一步做大做响中国好粮油品牌。

二、打造"优质粮食工程"升级版赋能黄河流域粮食产业高质量发展的路径选择

（一）聚焦特色环节，强化示范引领。一要精准选择支持方向。可在"优质粮食工程"实施周期内，选择2—3个重点支持方向，集中财力、要素保障，围绕小麦、玉米、大豆、稻谷、杂粮、油料等当地特色、优质资源，每年遴选一批特色市（县）、产业联合体作为项目建设主体予以支持，整合优化商品粮大省、产粮大县和产油大县奖励资金使用方向，积极引导金融资本和社会资本加大倾斜力度，促进项目做优做实。二要加大对示范市县和重点企业支持力度。强化典型示范带动，引导项目、资金等各种生产要素向优强企业聚集，落实财税、金融保险、用地用电政策，打造培育实力强、影响力大、带动性强的粮食加工骨干龙头企业，形成辐射效应，增强全域粮食产业综合实力。鼓励现有示范企业以资产、品牌等为纽带，整合兼并、股份制改造一批中小型企业，促进资源优化配置。三要拓宽重点项目服务面。针对部分产后服务中心规模偏大、服务对象较为单一等情况，秉持小型化、分散化、多点化原则，合理规划布局服务半径。针对开机运行成本高、烘干作业时段性强等特点，将烘干用气用电按民用价格收取，在粮食收获集中期，启动政府购买服务和应急补偿机制。针对农民储存粮食习惯和需求，研发实用型、便于组装拆卸的新型科学储粮仓型。

（二）**聚焦重点行动，做实载体支撑**。一要开展守护粮食"芯片"行动。以市场需求为导向，加大与农业科研院所合作研发，加大优良品种培育推广力度，从源头优化粮食质量结构。发展订单种植，扶持示范企业、农业产业化粮食加工龙头企业向上延伸产业链条，与经济合作社等新型经营主体、种粮大户建立稳固利益联结机制，实施规模化土地流转、土地脱管和土地入股分红，建设优质绿色粮食基地，提高原料品质。二要促进粮食行业品牌增值。链接粮油品牌、城市品牌和农产品公用品牌，实现抱团宣传、同频共振，新增更多地理标志、中国驰名商标等品牌数量。制定实施梯次粮食企业品牌培育计划，借助第三方平台、新媒体等多种渠道推介宣传，持续放大品牌影响力。强化标准意识，鼓励企业主动参与国家标准制定，建立符合国家行业要求或高于国家质量标准的体系，让"中国好粮油"、省级"好粮油"遴选产品获得更多受众和市场。三要增加多元健康产品供给。推动"粮食加工"向"食品生产"转型发展，开展"中央厨房"、高端团餐、社区便利店、主食产业化等综合、多元业务服务，满足消费者"快餐式"需求。紧跟群众消费热点和市场需求，上拓下延小麦、玉米、大豆、稻谷、杂粮、油料等产业链条，加大休闲、方便、新兴、功能营养等多元食品供给，加大婴幼、孕妇、老人系列等功能性、定制化、个性化产品研发力度，增加产品附加值，提高整体经济效益。

（三）**聚焦宣贯引导，实现社会同频**。一要加大科技创新支持力度。支持更多区域职业院校设置粮食专业，与当地企业建立人才共同培养机制。鼓励粮食加工企业加强与科研院所开展产学研合作和科技"三对接"活动，打造"政产学研金服用"科技创新共同体。按照"政府站台、企业有需、平台研发、成果共享"原则，支持粮食产业科创平台聚焦副产物提取、高值化应用等重点环节加强科研攻关，推动科研平台开展技术开发和集成创新，有效解决企业急需科研难题项目。二要聚力产业链接融合。挖掘"互联网+""自媒体"等新市场，加快中央厨房、农商直供、垂直电商平台等新业态新模式，促进网上经济和电商产业发展。挖掘区域粮食产品品牌、文化资源、生态价值，发展观光旅游、生态旅游。加快黄河流域省级区域性粮食安全应急保障基地和应急供应体系建设，结合区位、交通优势，发展班列、公水、海河运输，优化现代物流基础设施建设，提升物流综合能力。三要有效推动社会节粮减损。充分用好"世界粮食日""科技活动周"等各种时间节点，积极开展宣讲进社区、进商超、进企业、进军营、进机关、进学校等"六进"活动，普及各环节节粮减损及健康消费知识，依托示范企业展馆、粮食质检机构等建设爱粮节粮宣传教育基地，引导全社会形成合力，让节粮减损成为普遍共识。满足个性化"订制"需求，推行自助餐、多餐少取、光盘行动等，快餐店可推行半分餐、小份菜等，形成节约好风尚。

（四）聚焦国际国内双循环，释放叠加效应。一要巩固深化"阜南样板"成效。全面总结推广阜南经验，立足当地实际精准布局，高标准打造集粮食加工、食品生产、物流配送、科技研发、检验检测等要素集中的示范园区，促进精深加工和产业链条上下游环节深度融合，实现产业集群化、园区化发展。二要坚持"引进来"实现借势发展。挖掘区域现有资源禀赋，紧盯国内外粮食加工或食品知名企业、品牌，分析研究产业动向、区域布点、投资动向等，开展"一对一""点对点"招商对接，提高粮食加工产业集聚度。面向国内外大院大所和专家团队开展技术研发需求招商，开展项目合作，提升企业转产扩产能力和应对市场风险挑战能力。三要坚持"走出去"增强国际话语权。出台财政、金融、税收等方面支持政策，试行推动粮油企业"走出去"的保险产品，支持企业融入国际国内两大循环圈，开拓"一带一路"沿线等国际市场，建立稳定的粮源基地、加工工厂、产品市场，增强在国际市场上的话语权。

（来源：山东省滨州市粮食和物资储备局特约调研员团队承担的2022年度国家粮食和物资储备局软科学课题《打造"优质粮食工程"升级版赋能黄河流域粮食产业高质量发展研究》。课题负责人：高玉华，课题组成员：蔺兵川、陈有信、董观利、董彬、郭宗梅、王富源、刘新，中国粮食研究培训中心刘珊珊、王娟、崔菲菲摘编，王世海审核）

第二篇
扎实推进粮食安全和
物资储备安全法制建设

国家物资储备立法的
逻辑内涵与基本制度

习近平总书记多次强调，我国是大国，必须具备同大国地位相符的国家储备实力和应急能力。补齐短板、提高储备效能是构建同大国地位相符的国家储备实力和应急能力的有效途径，也是国家物资储备管理制度化、规范化、科学化的必然要求。面对当前国家物资储备基础性、综合性、高位阶性立法缺失的问题，仅以政策性的规定方式推动提高储备效能，具有很大的局限性。要实现"大国储备"，需要建立与现代国家治理体系相匹配的制度保障，切实推动国家储备制度顶层设计，依靠法律等外部干预和制度创新，构建整体秩序，形成统一行动，促进储备效能提高。

一、国家物资储备立法需要解决的争议

（一）**法律定位尚未统一**。目前国家物资储备行为由不同部门按照职能分工、行业特点和专业优势，从不同层次组织进行，国家物资储备秩序上难免倾向于部门或行业储备，需要在立法认识上纠正片面化倾向。比如，立法类型是经济法还是行政法的问题没有明确共识。经济法调整对象是经济运行过程中的经济关系，行政法调整对象是政府管理过程中的行政关系。国家物资储备行为既有政府

行政行为，也有市场经济行为。调整对象的界定，将直接影响法律规制和具体内容的设定。如果按行政行为和经济行为分别单独立法，将面临法律规制分割，不能形成保障整体效能的统一法律制度。

（二）**立法目的尚未统一**。一是以"安全"为目的。国家物资储备主要功能包括实现保障经济安全、政治安全、社会安全等国家安全目标，以"安全"功能为目的进行立法，容易导致立法目的泛化，规制标准难以确定，不利于形成明确的法律规制和准则的实质性法律，不利于真正起到秩序重构的实质性立法。二是以"服务"为目的。当前我国国家物资储备的各项规章制度侧重反映以"服务"为目的，以应对急需、宏观调控、稳定预期的"服务"功能为目的进行立法，可能因"服务"类型不同出现规制差异，立法规范本质会出现偏离，难以匹配"大国储备"对储备效能的本质要求。三是以"管理"为目的。国家储备物资类型多、品种杂、管理多样化，以规范国家物资管理体系为目的进行立法，对储备制度体系进行重构，容易陷入各类细节规制争议，难以匹配"大国储备"多元化诉求下所需的基础制度。

（三）**立法模式选择多元**。一是专门性立法。整合分散在各部门、各行业、各品种等规范中的相关规定、政策性文件中有关内容，形成独立完整的《国家物资储备法》。二是框架性立法。在立法中对国家储备行为进行原则性指引，化解现存的问题和矛盾，为制定具体的行政法规提供上位法依据。三是管制性立法。在立法中明确具体的管制主体、管制对象、管制方法以及责任制度等，实现对国家物资储备行为的指导和约束。四是发展规划式立法。对国家物资储备发展规划立法，制定如《国家物资储备发展纲要》等，侧重于经济社会目标的实现。五是嵌入式立法。是指不单独制定《国家物资储备法》,而是在现行法律规范的基础上,在政策文件中增加相应内容,通过法律的修改实现内容更新,如在《国家安全法》《农业法》中继续强化国家物资储备方面的内容。

二、国家物资储备立法的逻辑与内涵

(一)**立法应体现基础性和综合性**。基础性是指国家物资储备立法内容要完备、制度体系要完整、调整范围要全面,在规制国家物资储备管理运行秩序上要发挥基础性作用,对所有储备品类和储备行为在规制上具有一致的指导性,在国家物资储备制度安排和政策体系上居于基础性的地位。主要表现在对低位阶相关法律法规具有基础规制性;是调整国家物资储备相关主体权责关系的基本依据。综合性是指国家物资储备法要涵盖管理决策、监管机制、主体权利义务、主体职责、响应机制等内容,囊括国家储备物资的生产、采购、保管、轮出、动用、运输等环节法律规制,应然是综合性的法律。同时,国家物资储备法应从科学性、安全性、保障性和服务性等方面构建国家物资储备管理行为的实质合法性,对国家物资储备活动的实体规范给予基础性、综合性的明确立法指引。按照基础性、综合性立法定位,国家物资储备立法应侧重储备秩序的整体性,将各类物资作为统一对象,以提高效能实现国家安全、应对急需、宏观调控、稳定预期等立法权利构造。由国家立法机关制定全国统一适用、详尽的国家物资储备法,解决目前我国物资储备法律规范体系存在的分散性、层次低、行业差异大、部门分割等问题。

(二)**立法实体要以提高储备效能为根本目的指向构建国家储备新秩序**。国家物资储备是一个复合行为,既有行政行为,也有市场行为。现有制度既有国家层面的管理办法，也有部门的规章规范。国家物资储备立法要引领构建国家物资储备秩序，即在储备各环节中整合功能，构建一致性、连续性和确定性的有序储备体系。从内容上看，国家物资储备立法具有整合各类国家储备管理行为、储备品种、储备调用机制响应等权力配置的功能，对构建国家物资储备秩序提供统一、全局性部署，能强化对各类国家物资储备的指导约束。国家物资储备法的立法核心是实现"提高效能"的目标，并非各类规章、规范等现有规制的简单叠加，需要重新厘清权利构造，理顺中央与地方、政府与社会、行政与市场等关系，明确提高储备效能和实施效率的定位，体现立法的秩序价值。

（三）**立法要理顺与其他法律的关系。**作为基础性和综合性的法律，国家物资储备立法需要处理好与现有其他法律法规的关系，发挥引领性作用，协调现有国家物资储备的各类、各部门规范制度。从统领关系上看，国家物资储备法是全类型、全流程国家物资储备行为规范的基础，在国家物资储备体系中起到统领作用，其他部门规范不得与国家物资储备法相冲突。

三、关于国家物资储备立法的建议

（一）立法定位与建构设想

国家物资储备立法应以提升国家物资储备保障效能为目标。立法时以行政法逻辑为主、经济法逻辑为辅来设计。不同的名称体现不同的立法建构，可考虑以下思路：若为《国家物资储备法》，进行原则性行政立法，对现有分散的各类、各部门、各行业储备行为和环节提供基础性、指引性的规制，以"安全"为核心目标，"服务"为辅目标，通过法律规制构建国家物资储备整体秩序；若为《国家物资储备保障法》，从经济法角度立法，明确储备行为多元主体权责，以"保障"功能为目的进行制度设立，规范多元主体参与国家物资储备的行为。重点构建对国家安全保障、经济安全保障、社会稳定安全保障、应急救灾保障、宏观调控保障、保障机制、奖惩制度等的法律；在此基础上，为强调储备的"安全"功能，以行政法思路为辅，经济法思路为主，可以《国家物资储备安全保障法》作为法律名称，在立法原则中，强调安全目标和进行与安全目标匹配的规制；若为《国家物资储备管理法》，即规范政府行为的行政法，类似《土地管理法》，对现有管理办法进行法律转化和提升，需要确立管理制度、动用制度、品种制度、管制制度、奖惩制度等；若为《国家物资储备安全保障与管理法》，整合行政法与经济法，综合保障与管理的规制内容，侧重对国家物资储备制度的架构和对各类主体行为进行规制。

以行政法范畴的公法为立法定位。国家物资储备是以国家安全和公共安全为目的，通过法律程序赋予中央政府、地方各级政府和相关行政部门和社会机构对物资的储备、管理和应用进行合理安排和宏观调控的权力，属于公权力范畴。国家物资储备行为本质上是政府基于国家利益和公共利益，通过公权力制定物资储备规则，对储备主体行为有效激励约束，实现保障国家安全和公共安全的目的。因此，国家物资储备是政府及相关职能部门实施的行政行为，具有行政性、强制性、公益性，应主要受到行政规划法与行政程序法的约束，需要基础性、综合性的立法进行约束和指导。因此，国家物资储备立法应定位于行政法范畴的公法。

以提高物资储备效能为立法根本目的。我国物资储备领域的制度规范实践工作已具备一定基础，形成"宽领域、多品种"的物资储备立法体系。但从储备物资的统筹管理水平和运行响应机制看，当前仍存在整体调控效能不高的问题，没有形成"整体、动态"的储备体系。症结在于储备物资宏观管理制度缺失，各部门分割、零散管理。因此，建议将《国家物资储备法》作为基础性、综合性的法律，立法目的定位为提升效能，依据该目标进行法律规制，明确各环节法律规范的行为边界。形成能够发挥储备物资综合合力的立法规范和激励。在立法条款和规制上，应处理好容易泛化的"安全"目标条款。

采取专门性、管制性立法模式。结合国家物资储备管理运行实际，综合比较专门性立法、框架性立法、管制性立法、发展规划式立法、嵌入式立法五类立法模式，建议国家物资储备法采取专门性、管制性的立法模式，在大类上属于行政法范畴。主要考虑：国家物资储备体系改革的目标是为了破解当前广泛存在的储备管理运行分散的问题，需要基础性、综合性的法律发挥整合和引领作用。当前我国物资储备领域存在一定的体制机制矛盾，管理和实施上存在交叉和冲突，亟须一部具有可操作性的法律予以消解，而非原则性强的框架性立法。嵌入式立法模式不符合"大国储备"的统一性改革目标，也不能满足破解矛盾冲突的需求。

柔性法律调控为主、刚性法律调控为辅。从法律调控手段看，刚性调控以限制权利为主，柔性调控以激励扶持为主，具有不同的法理基础。应根据国家物资储备中各类行为的本质差异，采取不同的法律调控手段。对于保障"安全"的，进行刚性调控，在科学设定规制的基础上，保障刚性储备；对于提供"服务"的储备，采用扶持、补贴等激励性措施，以调动多元主体参与国家储备体系。

分储备品类确定立法客体赋能。储备目录确定的基本原则是立法赋能的基础，对这一问题的认识直接影响立法进程。建议结合当前我国物资储备发展的变化，对当前的各部门、各行业、各品种的储备目录进行梳理，建立储备目录管理与更新机制。以罗列的方式在法律中规定储备品种、布局和周期，立法明确具体区域、具体品种的储备所应当发挥的功能和作用。对面向地缘政治安全、国家安全、经济安全、民生安全等保障"安全"功能的储备品种，立法要赋予强制性，设置刚性储备目录，主要从战略性角度，对影响国家安全的能源、稀贵金属等战略资源能源，在法律中以列举的方式确定规制目录；对面向防灾减灾、经济调控、市场调节等保障"服务"功能的国家物资储备，立法中可以赋予一定的弹性，以概念界定的方式明确范围，设置"开放式"弹性目录。主要从功能性角度，对服务国家经济社会发展、宏观调控、应急救灾等储备品种，具体包含品种通过编制国家物资储备法实施方案的方式详细列举。品种目录确定后，在法律中对储备布局和周期进行规范，对储备品种发挥的功能及目标进行设定。

（二）基本制度与内容规范

立法予以明确的若干制度。管理制度要明确政府主体与社会（企业）主体在储备中的定位，特别是要明确政府主体的责任，明确中央与地方、政府储备与授权储备的关系，侧重三方面的规制：一是设立"国务院国家物资储备主管部门统一负责国家物资储备管理和监督工作"的基本制度，授权地方政府进行国家物资储备管理和监督工作。明确国家物资储备决策和执行的具体政府层级、授权机构，立法确定管理决策单位的职责。二是设立国家物资储备规划编制工作制度，以国家物资储备工作规划的形式明确储备品种、布局、规模等，立法授予国家物资储备规划的法定性。通过统一规划，实现法律对国家物资储备体系构建与规制的"统一形式"。三是设立动用触发机制。对动用触发的阈值、动用方式等进行法律规制，建立统一的预警机制，设置预警场景，对不同情景的储备动用进行"红绿灯"制度设定。此外，在立法中明确设定决策制度、储备运行制度、应对响应机制、监管制度等，明确这些制度在法律规制中的地位如何安排、规制如何确定、制度衔接如何实现，并以法定形式有机统筹各项制度的规制与衔接。

立法推动建立的其他制度。一是动员社会力量。在立法中建立社会参与机制，设置奖惩制度。明确社会力量参与储备的进入标准、投入机制、运行机制、管理机制等。积极吸纳社会力量，合理界定政府、企业行为，依托市场机制构建"大储备"体系。二是强化督查监管。对物资储备的督查、监管进行法律规制，在法律中明确设立专门的督查机构和部门，清晰界定督查、监管职责。三是完善保障机制。建立保障"安全"的战略性储备物资优先采购和储备机制；建立金融支持与资金保障机制，设立国家物资储备基金，专项保障国家物资储备运转；建立储备安全制度，对储备设施进行特殊保障等。

（来源：中国农业大学、中国粮食研究培训中心承担的 2022 年度国家粮食和物资储备局软科学课题《国家战略物资储备立法原则与路径研究》。课题负责人：王健，课题组成员：周竹君、程锦慧、邢琦，中国粮食研究培训中心石光波摘编，王世海审核）

加快《国家粮食应急预案》修订 全面提升粮食应急保供水平

国家粮食应急预案是国家粮食应急管理的行动指南。2005 年出台的《国家粮食应急预案》（以下简称《预案》），在确保粮食市场供应、保持粮食市场价格基本稳定、维护正常的社会秩序和社会稳定等方面发挥了重要作用。但随着时间推移和形势发展，其中一些规定已不适应工作需要，加之党的十八大以来粮食应急保障工作的经验做法特别是新冠肺炎疫情以来粮食应急保供的经验做法需总结上升为制度规定，亟须加快《预案》修订，调整完善相关内容，为全面提升粮食应急保供水平提供坚强制度保障。

一、《预案》修订需解决的主要问题

（一）**缺乏对地方预案针对性要求**。现行《预案》规定"省级人民政府可以根据本地区实际情况，研究制订省级以下粮食应急状态分级和应急处理办法"，但一些地方在制订本地粮食应急预案工作中，不同程度地存在着下级预案直接照搬上级预案的情况，未能充分考虑本地实际，导致地方粮食应急方案缺乏针对性和有效性。

（二）**成品粮规定落后于工作实践**。《预案》规定"在省会等大中城市，特别是北京等直辖市及周边地区的地方储备库存中，要保留一定数量的可满足应急供应的成品粮"，而在当前实际工作中，36 个大中城市及市场易波动地区成品粮油库存保障能力都在 20 天以上，部分省、市还结合应对疫情保供稳市的经验，要求辖区内地级市建立 10 至 15 天的成品粮储备，以保障关键时刻的应急需要。《预案》的要求已明显低于工作实践中的要求。

（三）**应急基础设施建设维护内容需强化**。粮食安全是国家安全的重要基础，应急条件下的粮食保障更是直接关系群众生产生活和经济社会稳定。在时间紧迫、信息不对称等条件下，一旦突发事件产生，粮食应急供应能否有效开展、及时保障，与粮食应急供应基础设施、物流能力等密切相关。在粮食应急管理实际工作中，粮食应急供应基础设施和应急物流能力建设需进一步强化。

（四）**新冠肺炎疫情防控应急保供经验需体现**。新冠肺炎疫情发生以来，有关部门积极推动粮食应急储运、加工、配送、供应各环节有效衔接，全力确保疫情防控重点地区粮油应急供应，取得明显成效。习近平总书记指出，这次新冠肺炎疫情如此严重，但我国社会始终保持稳定，粮食和重要农副产品稳定供给功不可没。对这些经验做法，需要及时进行总结，吸收到《预案》修订稿中，用以更好地指导特殊情况下粮食应急保供工作。

二、加快《预案》修订的对策建议

（一）**坚持高位推进，加快修订进程**。党的二十大报告指出，完善国家安全法治体系、战略体系、政策体系、风险监测预警体系、国家应急管理体系。粮食应急保障是国家应急管理的重要组成部分，建议把《预案》修订作为贯彻落实党的二十大精神的重要举措，作为粮食领域"完善国家应急管理体系"的主要抓手，高度重视、高位推进，强化措施、全力推动，确保《预案》修订工作尽快完成。

（二）**坚持问题导向，完善重要制度。**一是完善国家粮食应急管理机制。粮食应急管理是一项涉及多个层级、多个部门的系统工程，系统性是国家粮食应急管理机制的核心，应进一步完善统一指挥、分级负责和有效协同的粮食应急管理体制。二是完善粮食应急预案动态管理机制。通过完善粮食应急预案动态管理机制，确保能根据不断变化的工作环境和工作要求，及时调整粮食应急保障的方法、手段和能力。三是完善成品粮有关制度。结合当前成品粮应急保供工作实际，将《预案》中"在省会等大中城市，特别是北京等直辖市及周边地区的地方储备库存中，要保留一定数量的可满足应急供应的成品粮"修改为"大中城市主城区及市场易波动地区的地方成品粮油储备要达到一定规模，各地级市可根据本地实际建立一定量的成品粮油储备"。

（三）**坚持系统思维，加强体系建设。**针对新形势新要求，对粮食应急加工企业、粮食供应网点、粮食应急配送中心、粮食应急储运企业、应急加工企业日加工能力等提出要求，进一步健全加工、供应、配送、储运的粮食应急保障体系。同时，加强粮食市场信息监测点建设，确保监测范围覆盖重点区域和重点品种；完善粮油市场监测信息日监测日报告制度、突发事件监测预警信息发布机制等，不断提升粮食应急监测预警能力。

（四）**强化工作要求，促进贯彻落实。**在《预案》修订稿中，对地方粮食应急预案修订提出明确具体要求，确保各地结合本地实际制定针对性强的粮食应急预案。在《预案》中对国家粮食和物资储备局、国家发展改革委、财政部联合印发的《关于完善粮食供应保障体系建设的意见》、国家粮食和物资储备局印发的《粮食应急保障企业管理办法》等相关文件的核心要求予以重申，将有关要求上升到以国务院办公厅名义印发的《预案》修订稿中，以提高有关要求的约束力，更好地督促各地做好粮食应急保供各项工作。

（来源：南京财经大学承担的 2022 年度国家粮食和物资储备局软科学课题《国家粮食应急预案的理论与实践问题研究》。课题负责人：黄昊舒，课题组成员：曹宝明、王进、高婧、钱煜昊、王金秋、陶亚萍、李尧、田叹，中国粮食研究培训中心赵振摘编，赵广美审核）

统筹"储什么""谁来储""怎么储"
加快国家战略物资储备立法

党的二十大报告指出，完善国家安全法治体系、战略体系、政策体系、风险监测预警体系、国家应急管理体系。国家储备是国家治理的重要物质基础，是防范化解重大风险、促进经济社会平稳运行的"压舱石""稳定器"。当前，国家战略物资储备立法基础较为薄弱，建议围绕构建与大国地位相符的国家储备实力，统筹"储什么""谁来储""怎么储"，加快国家战略物资储备立法。

一、加强国家战略物资储备立法的紧迫性和必要性

一方面，这是全面落实总体国家安全观、应对国际国内风险挑战的迫切需要。习近平总书记强调，国家储备是国家治理的重要物质基础，要从体制机制层面加强战略和应急物资储备安全管理，强化战略保障、宏观调控和应对急需功能，增强防范抵御重大风险能力。世界进入动荡变革期，国际竞争越来越体现为制度、规则、法律之争。美国、日本、俄罗斯等国家都建立了较为完备的战略物资法律保障。要以保障国家安全、保障人民生存权发展权为底线，加强国家战略物资储备立法，为我国战略物资储备法治化提供重要依据。

另一方面，这是落实加快重点领域立法要求、推进储备治理现代化的迫切需要。习近平总书记强调，要积极推进国家安全、科技创新、公共卫生、生物安全、生态文明、防范风险、涉外法治等重要领域立法，健全国家治理急需的法律制度、满足人民日益增长的美好生活需要必备的法律制度。战略物资储备在应对国际国内风险挑战时具有定海神针功能。平常时期，调剂物资余缺、平抑物价剧烈波动；特殊时期，能够缓解各类危机事件冲击，最大限度维持国民经济正常运行和社会稳定，发挥战略保障、应对急需等功能。但当前我国战略物资储备立法基础薄弱，急需加强立法工作，为推进战略物资储备治理现代化提供坚强法律保障。

二、国家战略物资储备立法需解决的基础性问题

（一）科学把握战略物资的选定标准。战略物资选定标准主要包括四个方面因素：事关战略大局，与国计民生、保障国家经济安全、国防安全以及相关产业密切相关；资源供应有限，相对实际需求，可能存在供应不足或供应不稳定等状况；产地条件制约，即产地来源受资源禀赋、生产水平等限制；几无可替代性，某种资源或物资很难用替代品来替代。

（二）科学把握战略物资储备立法与其他法律的衔接关系。既要与《国防法》《国防动员法》等有关保障国防的法律相衔接，又要与《传染病防治法》《疫苗管理法》等有关保障人民健康的法律相衔接，还要与《突发事件应对法》《防震减灾法》等有关应急保障方面的法律相衔接。

（三）科学把握国家战略物资储备立法的目标任务。国家战略

物资储备立法，不仅要制定本领域基本法《国家战略物资储备安全保障法》，还要完善各品类物资储备专门法律法规及规章，明确不同层级法律法规所要规范的问题和调整的法律关系，使战略物资储备各方面工作都步入法治化轨道。

三、国家战略物资储备立法需研究确立的主要制度

（一）**研究确立"储什么"方面制度**。建立战略物资储备目录管理及动态调整制度，在确定战略物资选定标准的基础上，实行战略物资储备目录动态管理调整。建立实物储备与能力储备结合制度，对产地主要在我国的，以储备产能为主；对产地主要在国外的，以储备实物为主。建立规模布局确定制度，在储备规模方面，结合国家安全和发展战略需要作出具体规定；在储备结构方面，着眼全国优化储备结构和布局，保障关键品类物资的供应安全。

（二）**研究确立"谁来储"方面制度**。建立分级分类负责制度，坚持政府主导、社会共建、多元互补，实行中央和地方分级储备、政府和商业储备相结合、鼓励居民家庭储备特殊状态下生活所必需物资的储备机制，分级分类落实储备责任。建立综合保障制度，运用财政、税收等多种手段，采取多种激励措施，让"大储备"观念融入社会生活，引导社会力量和个人积极参与社会储备。

（三）**研究确立"怎么储"方面制度**。建立战略物资运输、加工、储存、轮换、动用、统计报告等方面制度，增强战略物资储备"即时保障，急时应急，平时服务"功能。建立储备基础设施建设制度，支持利用信息化等现代手段提高安防能力、作业效率和监管水平，研究建立国家储备仓库安防监控系统运行和维护管理体系。

建立战略物资储备监督检查制度，加强执法队伍建设，构建包含专业监管、行业监管、属地监管在内的立体化监管体系，不断加强国家战略物资储备监管工作。

（来源：河南工业大学、中国粮食研究培训中心，国家粮食和物资储备局广西局分别承担的2022年度国家粮食和物资储备局软科学课题《国家战略物资储备立法选择及其制度设计研究》《建立国家储备仓库安防监控系统运行和维护管理体系研究——以广西局四七九处为例》。课题负责人：穆中杰，课题组成员：周竹君、南海燕、张永胜、李耀跃、曾晓昀、陈辉、石光波、杨青、邵晨阳、傅颖、陈璐珂、丁璇、穆法法、陈天庆；课题负责人：周毅军，课题组成员：黄玉涛、朱华仁、裴德东、杨德彪、张正平、陈勇、沈杨、唐湘军、刘兴爱，中国粮食研究培训中心赵振摘编，赵广美审核）

国家储备垂管仓库安全"标准化、规范化、智能化"建设情况、主要问题及对策建议

　　"标准化、规范化、智能化"工作是落实安全生产责任制、建立安全生产长效机制、增强粮食和物资储备安全保障能力的一项基本建设工程。国家粮食和物资储备垂管系统连续实施储备仓库安全综合整治、安全生产专项整治、储备仓库安全治理提升等三个"三年行动计划",生产作业标准化、安全管理规范化、风险管控智能化建设取得突破性进展,并取得连续两年"零"安全生产事故的好成绩。储备安全和应急物资保障中心总结垂管系统近年"三化"的运行情况和建设成果,调研中石油、中海油、中航油公司等大型油气公司和大型危化品储运企业,对比分析国内仓储和危化品储运行业安全管理先进经验,重点对职业健康安全管理体系、安全审计、安全生产标准化评级、双重预防机制等差距较大的短板方面进行分析,提出完善安全生产管理体系、提高储备系统本质安全能力的意见建议。

一、安全生产评价体系代表性指标

　　与国家标准和行业发展水平相比,垂管系统还存在一些突出问

题，集中表现在管理制度和人员素质能力上。为进一步查找短板弱项，将设备设施、人力匹配、监督管理三方面安全生产要素分解为24 项代表性指标。其中，安全生产设备设施方面包括基础设施建设水平、机械化设备投入、先进设备使用比例、安防布控覆盖面、消防救援能力水平、反恐应急装备数量、雷电和静电检测合格率、无人机反制系统 8 个代表性技术指标；人员技能与岗位匹配程度方面包括专业和岗位匹配程度、对安全生产岗位胜任程度、安全生产教育培训普及程度、安全生产专业晋级提升比例、人员劳动保护投入、安全生产重视程度、注册安全工程师或安全评价师数量、安全管理机构或专职安全管理人员配备情况 8 个代表性技术指标；安全监督管理力度方面包括安全生产制度体系建设水平、安全生产日常巡检维护率、安全生产投入比例、各项安全生产会议通知督办数量、重点安全生产设备和自控设备联动率、安全事故隐患整改率、安全生产监测预警等信息化系统使用率、信息平台与地方联动情况 8 个代表性技术指标。

二、主要问题

结合"四不两直"安全检查和专项督导检查情况进行指标评价，得出三类垂管仓库安全生产突出问题集中反映如下：设施设备方面，机械化设备投入、先进设备使用比例、消防救援能力水平、反恐应急装备数量、雷电和静电检测合格率、无人机反制系统等 6 个指标还存在较大欠缺；人员技能水平方面，专业和岗位匹配程度、对安全生产岗位胜任程度和注册安全工程师或安全评价师数量还远低于国家标准；安全管理方面，安全生产制度体系建设水平、重点安全生产设备和自控设备联动率、安全生产监测预警等信息化系统使用率、信息平台与地方联动率等4个指标还存在一定差距。总结上述问题原因，体现为以下几点：

（一）**缺乏完善的安全生产监管框架体系**。系统"标准化、规范化、智能化"建设在生产作业操作标准、安全技术规范、管理制度等重要安全生产规范存在一定空缺，与自身特点结合不够，目前仅有火炸药出入库操作规范，品种范围、工艺流程等不能全面覆盖，变更管理制度缺失、变更管理程序混乱。

（二）**标准化建设没有完全统一**。对国家标准化评定参与度较低，目前垂管系统12个仓库为三级标准化单位，5个仓库为二级标准化单位，大多数仓库还处于启动阶段，没有全部形成安全生产全流程的操作规范化要求。智能化建设仍在试点阶段，垂管火炸药仓库安防视频刚刚覆盖，成品油库尚未实现内网互通，全面实现监测预警还需时日。

（三）**专业人员素质能力存在一定差距**。一方面是安全生产人才和监管队伍薄弱，各垂管局安全监管部门具有安全专业背景的人员不足15%，双控体系建设、标准化自评等需要安全专业管理知识和技能的工作相对推进缓慢。另一方面，普遍存在专业技术能力水平有限，不能掌握新工艺、新设备操作方法和管理方法，特别是成品油库扩容改造后这个问题十分突出。

（四）**考核和保障措施衔接不到位**。安全生产督导考核力度不够强，对储备仓库标准化、规范化、智能化建设人员、项目、资金保障等方面与相关专项资金缺乏有效衔接。

（五）**安全生产和应急保障能力欠缺**。垂管系统对机械化设备、先进技术应用严重不足，重大危险源作业面人员过多，安全保障压力极大。通用仓库大部分仅有叉车、龙门吊等基础设备辅助作业，机械化作用发挥明显不足，特别是国家粮食和物资储备局承担中央防汛抗旱和中央应急救灾物资储备以来，对救灾物资出库有明确时间要求，机械化设备欠缺将直接影响出库实效。此外，在消防救援、反恐应急、无人机反制等关键设备配备上，国家粮食和物资储备局仍明显低于国家标准。

三、政策建议

（一）**建立安全生产标准体系**。一是结合自身特点，从安全职责、规章制度、变更管理、项目管理、操作规程、作业指导六方面构建一套促进行业安全健康发展的国家储备安全管理标准体系。进行全生命周期管理，规范全品种流程操作，提高现场监管力度，强化作业指导效果。二是在"1+N"模式国家粮食和物资储备安全生产"标准树"建设基础上，持续推动标准体系建设的完善升级。不断完善体系框架结构、内容分类、层次级别等，形成结构优化、持续更新、先进合理和国际兼容的具备国家粮食和物资储备行业特色的标准体系。

（二）**打造"标准化、规范化、智能化"试点仓库**。一是按照"成熟一项、推出一项、培训一批"的思路扩大标准化建设成效。争取专项资金支持，从安全生产和反恐应急装备配备、安全生产管理标志标识制作、双控体系建设、现场规范化管理等方面先行开展一批物资储备标准的试点建设工作，形成可复制、可推广的经验后逐步推广应用。二是按照"申报创建一批、培训指导一批、示范引领一批"的思路，有序推动重点仓库安全生产达标工作提档升级。

排出三级标准化年度创建名单，有序推动所有扩容改造和新建投产的成品油库、储存国储物资的通用仓库安全生产标准化三级达标；培训辅导危化品仓库开展安全生产自评，火炸药仓库开展安全生产标准化建设；积极推动有条件的成品油库创建安全生产标准化二级达标。三是在完成安全生产监测平台建设基础上，加快各仓库信息化建设进度和水平，逐步实现火炸药库、成品油库、原油基地的数据采集和参数监测。开展仓库风险等级动态评定。定期对仓库情况进行汇总分析，动态调整评定等级，提高预警和应急能力。

（三）**培训技术过硬的安全专业人才队伍**。一是加强针对性安全生产培训。大规模成品油库扩容改造竣工后，新工艺、新设备安全使用和操控成为当前垂管系统亟待解决的重点隐患。建议制定专门针对成品油储备仓库关键安全生产设施设备的培训方案，突出岗位操作、工艺流程、工艺性能、安全操作等，加快补短板、防风险工作。二是严格落实特种作业人员、特种设备操作人员相关资质。争取专项资金支持，督促危化品仓库按要求配备注册安全工程师。三是建立常态化人才学习培训交流机制。定期选派干部前往国家粮食和物资储备局轮训，做好安全生产服务保障工作。以系统内注册安全工程师队伍为基础，丰富完善人才信息数据库，发挥安全应急专家智库作用，推进行业高水平安全生产专业队伍建设。

（四）**强化考核与保障措施**。一是落实责任强化考核。将"三化"建设工作纳入督查和考核范围，定期通报工作推进情况，督促指导各垂管局结合实际建立评估考核机制。二是落实经费保障政策。统筹使用人员、政策项目、预算资金，规建建设重点项目要首先保障安全生产，解决垂管局安全生产作业中的重难点问题。垂管局结合工作实际，保障安全生产"三化"建设经费纳入本单位预算。

（来源：国家粮食和物资储备局储备安全和应急物资保障中心承担的 2022 年度国家粮食和物资储备局软科学课题《加快推进"标准化、规范化、智能化"建设进一步增强粮食和物资储备安全保障能力研究》。课题负责人：高寿峰，课题组成员：郑宏凯、葛宁、王芃磊、孙晓东、刘雨萌、王婉如、刘旭、刘小航、董占元、黄硕，中国粮食研究培训中心石光波摘编，王世海审核）

宋代常平仓制度若干问题研究

宋代常平仓制度承继于汉唐，肇始于宋太宗淳化三年（公元992年）。宋真宗天禧年间，常平仓遍布天下，其规模远超汉唐时期。随着新旧党争起伏，常平仓法亦随之摇摆不定、进退往复，时而实行常平新法（青苗法），时而恢复常平旧制。南迁临安后，宋高宗重建常平仓制度，直到政权覆灭。本文对宋代常平仓制度所涉若干重要问题进行梳理研究，总结其为当代中国粮食工作带来的有益启示。

一、宋代常平仓制度构成

（一）**储备仓额制度**。宋初曾承继唐代按照购买力来确定粮食储备量。宋真宗在此基础上初步确定以实物为粮食储备量标准，规定了每处常平仓粮食储备的上限和下限："大率万户岁籴万石，户虽多，止五万石。"可以说，在常平仓运行初期，宋政权是以货币购买力和粮食实物两种方式来确定储备量的，有可能前者在当时还占据主导地位。天禧二年正月，宋真宗下诏对各地州仓储备数额进行具体规定："诸州常平仓斛斗，其不满万户处，许籴万硕；万户已上、不满二万户，籴二万硕；二万户已上、不满三万户，籴三万硕；三万户已上、不满四万户，籴四万硕；四万户已上，籴五万硕。"

此后，常平仓制在宋仁宗、宋英宗执政时期保持相对稳定。当然，这些规定在一定条件下也可以灵活掌握。宋神宗在位期间，北宋政局出现新旧党政，常平仓粮食储备量规定的执行受到较大影响，几乎背弃了常平仓设立宗旨。元符三年十月，宋哲宗接受前京东西路提刑郑仅奏请改革常平之法。此后，宋代有关粮食储备量的确定规则再未发生大的变化。

（二）**选址建库制度**。宋代仓廪选址首先要建在"城内"，主要原因是仓廪建在"城内"可以最大限度地确保粮仓免受军事攻击，同时"城内"因属于人口聚居区有利于粮食的支取。在"城内"具体地点上，根据有关地方志记载大致有三种情况：建在州府、县衙治所附近；与其他仓库相邻；建在其他仓库之内。其次，仓廪选择要建在"高燥处"，这样有利于排水防涝，避免因"水淹"而致使粮食损失。但具体建造仓窖还是仓屋，与仓址的水文地址密切相关。如果地面湿润则不能建造仓窖，而是要建造仓屋。在仓廪的修建形制方面，宋代仓廪结构上有统一的标准，主体建筑一般包括围墙、仓门、官厅、仓敖、吏舍、斛斗库、亭、廊等。仓廪地底也有明确"防潮"的规定，仓窖窖底需要铺上厚度高达五尺的稾草；然后稾草上面再铺设两层"大稆"，并且仓窖周壁也填成"稆"；凡是用"大稆"的地方，都要"以小稆掩缝"；"稆"铺好后，再用"苫"覆盖，然后贮粟。如果建造的是仓屋，要求仓屋地面"皆布砖为地"，仓屋内仍要建设"砖场"。第三，对仓廪的周边有明确防火防水降温要求。比如，《仓库令》规定要"于仓侧开渠泄水"，仓库管理人员要"除治草秽，疏导沟渠"。如违反规定造成"官物"损失，则"勒主守及地分公人均备"。再比如，在如何实现库区降温上，宋代《仓库令》改变唐律"诸仓库空地不得种莳"的规定，允许"兼种榆柳，使得成阴"，"诸仓植木为阴"，但"不得近屋"。

（三）**日常运行制度**。宋代常平仓的粮源渠道较为多样，主要有"坐仓""博籴""结籴""俵籴""劝籴""均籴"和"括籴"等多种方式。除此之外，南宋时期还设有常平田，其所收租课也属于粮源重要渠道之一。至于收购品种总原则，宋代的规定是："少籴麦豆，多籴谷米"。其运行制度设计从筹集籴本汇集粮源开始，期间还有定期轮换或者不定期轮换，以及粮食如何赈粜。常平仓设立之初，宋代即从"籴本"的确定与管理、籴粜活动、最高收购量以及轮换等几个方面进行了规定。该规定属于基本规定，由于经济社会始终处于千变万化之中，有时需要不断修正或者进行补充规定，甚至有些情况下根本不执行该基本规定，从而常平仓制度不免遭到破坏。其籴本来源最初为诸路留取上供钱，后来演变为由政府进行补给，主要补助方式有内库资金、交子、度牒等。宋代常平仓的粮食在赈粜时经常出现赈粜价格低于籴本，主要有两种情况：按照原收籴价出售；按照低于市价出售。基于数量、质量和储存安全，保持粮食市场稳定等多重因素，储备粮要求进行定期轮换。在宋代，常平仓粮一般三年更新一次。在实际工作中，因兴修水利、军费等原因支出常平仓粮而需要大量购进新粮，从而实现常平粮的另类轮换。与日常管理制度相伴随，宋代建立了一套较为完善的库房管理制度，主要涉及禁火制度、禁谒制度、双人双锁制度、文书制度、主司搜检制度等。此外，还规定籴粜粮食时不能靠近仓门，甚至官员所用的收粮器具也要单独存放。

（四）**监督管理制度**。为保证常平仓制度顺利执行，宋人设计了一套监管制度，包括监管机构和奖惩措施等，这些措施由常平仓管理机构来负责。但是，就管理机构而言，宋代常平仓管理机构变化情况比较复杂。设立之初，宋政权并没有设立相应的管理机构。宋真宗执政时期，先由司农寺掌管常平仓，后改由三司主管。宋神宗在位期间，常平仓先是转归司农寺管理，推行改革后再次转归户部右曹掌管。直到南宋末期，基本上维持此种管理体制。在地方，常平仓主要由各路提举常平司（提举常平茶盐司）主管。而常平司则曾归提点刑狱司、经制司等主管。中央和地方设立的这些机构，既是行政机构，又是监管机构。在奖励措施方面，宋代的制度设计主要有鼓励举报、鼓励多籴粮食、鼓励增收节支等。在惩罚措施方面，措施主要有：禁止食禄之家并形势人入中粮食；严惩巧立名目收粮者；严惩籴粜失时及欺弊者；严惩虚报粮数不实者。此外，对于囤积居奇、哄抬粮价、掺杂使假、收受贿赂、粮政官员渎职失职等其他行为也进行了规制，规定了严厉的惩治措施。

二、宋代常平仓制度作用评价

肇始于西汉时期的常平仓制度在宋代得以定型，它不仅对两宋经济社会发展产生了重要影响，而且还为传统中国后世政权所继承和发展。进入近代社会以后，它甚至还超越了国界和粮食本身，影响到异国他邦及必需物资领域。比如，罗斯福新政时期，美国借鉴中国常平仓制度创新制度设计，从而迅速稳定了粮价和城市生活，奠定了恢复美国经济的农业基础。再比如，受中国常平仓制度影响，世界各国在其他领域借鉴"常平仓"思想建立相应的储备，美国、俄罗斯等国制定了战略及重要物资储备法，日本、英国、法国、德国、葡萄牙、芬兰、瑞典等国制定了石油储备法。由常平仓制度逐渐演化为"常平仓原则"，不仅成为影响世界粮食安全的重要制度，而且还成为物资储备领域的重要原则。应当承认，宋代常平仓制度在当时社会较好地发挥了积极作用，具体体现在"稳市"作用效果较好，"备荒"作用得到公认，但"恤农"作用极其有限。评价它起到"压舱石"作用并不为过，但因缺少资金、官员徇私以及少数人对多数人专权的社会制度等综合因素，这种作用被限制在一定范围之内。

三、宋代常平仓制度对当代粮食工作的启示

宋代常平仓制度虽已成为历史，但是，为当代中国粮食工作带来诸多有益启示：

（一）**必须坚持政府主导的多元化粮食储备体系。**常平仓在宋代发挥着"压舱石"作用的史实表明，在多元化粮食储备体系中，各类储备都有着自己的角色，如果主次不分，则潜在的粮食安全问题随时可能会爆发。故而，在当代中国倡导完善多元化粮食储备体系的同时，建议该项工作依旧在政府主导下进行，充分发挥政府在宏观调控中的重要作用，让各类储备按照法定方式有序发挥功能，从而实现多方合力保障国家粮食安全的良好局面。

（二）**必须坚持以市场配置粮食资源的市场机制。**常平仓制度蕴含着如何正确处理供求关系，以及政府与市场的关系。当粮食丰收时，市场上可能就会出现"谷贱伤农"现象；当粮食歉收时，市场上则可能出现"谷贵伤民"现象。纯粹依靠市场进行自我调节固然可以，但社会成本付出较大。比较可行的是，由公权力作为另类市场主体介入其中，坚持让市场在粮食资源配置中发挥决定性作用。常平仓制度设计的初衷就是为了最大限度地避免这两种不良现象的

发生，保障粮食市场稳定有序发展。

（三）**必须坚持用法治方式守住管好政府储备粮**。宋代多位皇帝挪用常平仓粮充作军饷，即是破坏常平仓制度典型例证。在日常工作中，官员因渎职、失职或者徇私而致使常平仓粮出现"堆积腐烂"等问题更是常见。此外，还有"借支官钱以充官用"现象发生，将用来"赈赡饥荒"的"常平"之钱挪作他用。近年来，推进粮食购销领域腐败问题专项整治，各级纪检监察机关接连通报多起粮食购销领域严重违纪违法案件，少数粮食行政管理部门和粮食企业负责人接受纪律审查和监察调查，反映出粮食购销领域腐败问题的严重性。因此，必须以法治方式管好政府储备粮，为国为民守护好"天下粮仓"。

（来源：国家粮食和物资储备局宣传教育中心、中国粮食经济学会承担的 2022 年度国家粮食和物资储备局软科学课题《宋代常平仓制度的若干问题研究》。课题负责人：肖春阳，课题组成员：韩丽丽、刘婧怡、穆中杰、武彦，中国粮食研究培训中心刘珊珊、王娟摘编，王世海审核）

第三篇
加快推动粮食安全和物资储备安全管理体制机制改革

治理基层粮库腐败的
根本路径在于深化改革

国有基层粮库是承担粮食收储调控任务、保障国家粮食安全的重要载体。腐败行为屡屡发生，不仅影响粮食流通秩序、损害粮食行业形象，更影响粮食政策执行、威胁区域粮食安全。针对此轮粮食购销领域腐败问题专项整治、专项巡视巡察集中暴露的问题，课题组通过对江苏国有基层粮库深入调研分析，剖析国有基层粮库腐败问题发生的深层次原因，提出从强化粮食流通行政执法改革、深化粮食流通体制机制改革、加快推进国有粮食企业改革三个层面，从"三不"一体推进的高度，坚定不移深化改革，从根本上加以彻底治理。

一、国有基层粮库腐败表现

从仪征等地粮食购销领域腐败案件看，基层粮库腐败主要呈现四个方面特点：一是"挖空心思"敛财，靠粮吃粮。有的在粮食数量上做文章，瞒报"升溢粮"，私自销售获利；有的在粮食流向上做文章，操纵"转圈粮"，侵占中间价差；有的在粮食等级上做文章，结算"两张皮"，骗取收购资金。二是"行业潜规"盛行，损公肥私。在粮食购销上，公粮混入私粮、公款购买私粮、夹带私粮、违规销售私粮；在资金往来上，公款打入私人账户，公款私款混用、现金支取现象普遍。三是"心无底线"牟利，雁过拔毛。有的直接坑害粮农利益，粮食取样不规范，擅自调整磅秤计量，利用容重降低粮食等次或提高粮食水分、杂质、霉变比率；有的设法侵占集体利益，虚报人力支出、运输费用，虚增粮仓维修整理、办公场所改造费用、虚列固定资产套取资金。四是"失管失控"严重，乘机捞钱。"一把手"对基层粮站管理重视不够，没有认真履行管理监督职责，不少干部多次收受粮站站长烟酒、礼金等；不少粮站站长认为只要完成总公司下达的目标任务，个人捞一点不是问题，个别人员甚至以承包为名理直气壮地贪污"升溢粮"粮款。

此轮专项整治、专项巡视巡察中发现的涉粮典型案件，暴露出"转圈粮""空气粮""升溢粮""损耗粮""价差粮""坑农粮""资本粮"等七种"靠粮吃粮"腐败典型。一是"转圈粮"。有的国有基层粮库在执行国家政策性粮食收储和储备粮轮换过程中，通过虚购虚销、以陈顶新、未轮报轮等手段，采取库存不动、账面"转圈"或库存与账面同时"转圈"等方式获取不当利益。二是"空气粮"。有的国有基层粮库通过伪造或签订虚假粮食购销合同、出入库单据、发票等，实际上没有粮食实物参与购销，可以看作"转圈粮"的升级版，典型特征是"无粮食（实物）流"。三是"升溢粮"。有的国有基层粮库在粮食收购、入库、仓储、调运、出库过程中，将经过扣除水分杂质及烘干、通风、加湿等过程正常产生或主观故意造成溢余的粮食，隐瞒并私自出售，隐匿收入形成账外小金库、账外账进行私分或个人侵占。四是"损耗粮"。有的国有基层粮库将粮食储存期间的自然损耗最大化或通过虚增粮食损耗量套取资金并据为己有。五是"价差粮"。有的国有基层粮库利用政策性粮食收购、地方储备粮轮换，通过先收后转、低收高转、转圈等方式套取价差，获利私分。六是"坑农粮"。有的国有基层粮库通过克扣斤两、压级压价、拖欠粮款以及提高水分、杂质、霉变比率等不正当手段坑农损农，获取不正当利益。七是"资本粮"。有的国有基层粮库通过挤占挪用政策性粮食收购资金，用于民间借贷、理财、股票、粮食期货投资等其他资本运作获取私利，资本运作失败造成国有资产重大损失。

二、产生腐败问题原因分析

从上述典型案例看，国有基层粮库产生腐败的原因既有基层粮库负责人政治站位不高、纪律意识不强、自我约束不严等方面原因，更有国有粮食企业改革和粮食流通体制机制改革不深入、管理漏洞未能有效堵塞等重要因素，还有粮食流通监管执法不到位、未能对腐败行为形成有效震慑等现实问题。

（一）**粮食流通行政执法改革不到位，"不敢腐"问题没有得到根本解决**。一是监管职责落实困难。此轮机构改革后，各级粮食行政管理机构撤并至发展改革委，粮食监管职能相对边缘化。79个涉粮县（市、区）从事粮食流通行政执法机构仅43个，且大部分被整合到市场监管等部门。二是监管能力手段薄弱。全省全行业持有效证件能够从事粮食流通行政执法的行政执法人员（包括市场监管等综合执法部门）仅有380人，且分布不平衡，对粮食监管的新方式、新手段、新系统等推广应用不够。三是监管制度安排缺失。行政检查与行政处罚相对分离，粮食部门监管力量不足，执法手段不够，执法权威不高，给行政执法工作带来困难。

（二）**粮食流通体制机制改革不到位，"不能腐"问题没有得到根本解决**。一是最低收购价政策不够完善。执行中权责不匹配，中储粮直属企业在整个政策执行过程中拥有较大自主权，容易出现权力寻租、利益输送。二是储备体制机制改革不到位。由于仓储设施、区域布局、补贴机制等多方面的原因，储备与经营尚未真正分开，容易发生"以陈顶新、转圈粮"和收购重复统计等问题。三是粮食收储制度落实不到位。少数企业对粮食损耗、溢余界定不清晰，缺乏责任认定，容易引发克扣农民和储粮异常损耗溢余的现象。

（三）**国有基层粮食企业改革不到位，"不想腐"问题没有得到根本解决**。一是改革发展动力不足。粮食主管部门受利益驱动，地方政府出于求稳怕乱的思想，改革步伐不快，企业缺乏改革动力。二是市场经营能力不强。国有粮库承担的政策性收储任务不断增加，主动开拓市场的动力下降，市场经营能力明显弱化，违法违规行为极易发生。三是考核机制存在偏差。以销售额和利润率为重点的考核激励，偏离了政策性业务和政策性市场的基本事实，容易引发粮食轮换、保管等风险隐患。四是历史遗留负担沉重。国有基层粮库在改革改制过程中存在着较多的历史遗留问题，企业发展步履维艰，基层粮库员工队伍年龄和知识结构严重老化。

三、治理粮库腐败政策建议

（一）**强化粮食流通行政执法改革，着力解决"不敢腐"问题**。一是准确定位粮食部门职能。借粮食立法的东风，将粮食流通行政执法的边界、责任的划分通过立法予以明确，解决粮食部门现行机构力量下无力承担的执法职能问题。二是建立健全协同监管机制。

通过明晰监管范围、明确执法边界、开展联合检查、组织联合办案、建立会商制度等方式，加强部门监管协作，形成监管合力。三是切实加大监管执法力度。通过强化执法力量、完善执法体系、创新执法方式、强化"两法"衔接、强化"纪法"衔接等措施，强化违纪违法行为的责任追究。

（二）深化粮食流通体制机制改革，着力解决"不能腐"问题。一是完善最低收购价政策。改革现行最低收购价政策执行制度，推动托市政策回归"保成本、兜底线、稳预期"的定位，政策执行改由省级人民政府组织实施。二是组建省储备粮管理公司。通过资产注入、并购、新建等方式，按照"公司＋直属库"的管理架构，组建省储备粮管理公司。三是同步推进市县储备改革。积极落实市县两级储备集中统一管理或分级管理的具体路径，组建地方储备粮管理公司，结合储备轮换，确保储备粮按时集并到位。

（三）加快推进国有粮食企业改革，着力解决"不想腐"问题。一是分类推进企业改革。政府储备粮企业，作为公益类企业采取国有独资形式；参与粮食市场充分竞争的经营性企业，作为商业一类企业，原则上实行股份制改革；承担服务农民卖粮、政府调控等特定任务的粮食收储企业，作为商业二类企业，保持国有资本控股地位。二是优化国有资本管理。粮食主产区以提升收储服务能力为重点，主销区以提升供给保障能力为重点，加快实施国有粮食企业重组整合。将党建工作总体要求纳入国有粮食企业章程，推动党建工作与生产经营深度融合。三是转变经营发展方式。推动国有粮食企业立足购销、跳出购销谋发展，支持国有粮食企业以品牌为引领，以加工为引擎，发展优质粮油产品，提升价值链。积极推进国有粮食企业跨区域深度合作，推动数字化赋能国有粮食企业转型发展。

四是落实监督管理责任。深化政企分开、政资分开，因地制宜确定由国有资产监管机构或者涉农涉粮国有企业履行出资人职责。支持各地对资产质量高、运行效果好、规模体量大的国有粮食企业由国有资产监管机构列名监管。

（来源：江苏省粮食和物资储备局承担的 2022 年度国家粮食和物资储备局软科学课题《治理基层粮库腐败的根本路径研究》。课题负责人：董淑广，课题组成员：张国钧、王吉富、严志平、卢洪清、王大伟，中国粮食研究培训中心刘珊珊、王娟、张慧杰摘编，王世海审核）

关于储备垂管系统体制机制改革的思考

——以宁夏局为例

储备垂管系统由于历史原因形成了政事不分、政企不分、管办不分等体制机制问题，随着系统改革进一步深化，矛盾问题越发突显。党中央、国务院明确提出要统筹优化现有管理保障机构布局，加快推动事业单位改革。对此，宁夏局提出设立垂管局综合运行保障中心、执法保障中心和国储物流公司的机构职能改革思路，形成垂管局强化监管职责，运行保障中心统筹资源综合管理，储备库履行具体管理储备物资的各司其职构架。

一、垂管系统政事企不分制约储备保障能力提升

一方面，政事企不分，储备仓库缺乏干事创业主动性和积极性，主责主业意识不强。储备仓库虽为一级法人但自主决策权限有限，形成了不会干、不想干、被动干的"等靠要"思想。有的储备仓库为解决经费缺口开展经营创收，将储备物资露天储存，腾出仓房用于出租；有的储备仓库以战略需要为由申报建库项目，项目建成后又以种种理由不愿接收国储物资，利用建成的仓储设施搞经营。储备仓库各自为战，在经营创收方面同质化竞争，不同程度削弱了主责主业。

另一方面，管办不分，垂管局仓储设施统筹利用效率不高、监管宽松、储备保障能力不强。垂管局过多参与物资轮换、出入库作业等仓库管理具体事务，却没有对辖区内仓储库容进行统筹管理。不少垂管局在承担各类中央储备在地监管职能后，行政编制与所承担的监管任务严重不匹配，开展监管工作"力不从心"，加上对经费缺口等基层不稳定因素的考虑，对于仓库开展经营创收的风险行为往往监管宽松。一些垂管局成立国储物流公司后，普遍存在干预公司正常经营活动、无偿占用公司资产等。有的物流公司被撤销或停业，经营创收又回到储备仓库各自为政的老路子。

二、改革基本考虑

（一）**设立综合运行保障中心，实现政事分开。**按照政策性职责与经营性职责分开、政事分开和管办分离的原则，成立综合运行保障中心，承接从垂管局剥离的具体事务性工作，统筹管理所属基层仓库的储备物资管理、安全生产、财务和国有资产管理、基本建设、信息化管理工作。对上向垂管局负责，对下管理各储备仓库。垂管局通过定期考核、工作检查、监督执纪等手段，督促检查中心履职情况。

（二）**设立区域性物流公司，实现政策性职责与经营性职责分开。**由运行保障中心出资设立区域性物流公司，指导公司建立现代企业制度，健全治理结构，统筹高效利用国家仓储设施设备资源，统一管理垂管局所属各储备仓库的经营性业务。储备仓库不再从事任何经营性业务。垂管局分党组加强对公司党组织的领导，发挥把方向、管大局、促落实作用，不干预公司具体经营活动。公司有关重大经营事项通过运行保障中心提交垂管局分党组进行前置研究。储备仓库与公司签订固定资产租赁协议，不再发生经营业务往来，公司在储备仓库场地开展经营活动，储备仓库对公司安全生产和公司租赁的国有资产进行监管。

（三）**设立垂管局执法保障中心，履行行政执法保障职能。**考虑到目前储备仓库事业编制充足，可统筹使用好事业编制资源，设立垂管局执法保障中心，强化执法监督职能。垂管局强化监督检查，推动任务落实。垂管局开展日常监管、行政执法时，执法保障中心派专业人员配合。

三、宁夏局改革探索

按照"严控总量、有减有增、动态平衡、保障重点"的要求，高效用好现有机构编制资源。一是从宁夏局所属 3 个储备仓库调剂部分事业编制，设立宁夏局综合运行保障中心。中心作为副厅局级事业单位，编制 40 名，统筹储备仓库各类资源，负责管理储备仓库党的建设、财务审计、人事劳资、储备物资、国有资产、安全生产、项目建设等事务性工作。3 个储备仓库编制数减至 60 名（每个仓库 20 名），负责管好仓库储备物资、国有资产管理、安全生产工作。二是从储备仓库调剂部分事业编制，设立宁夏局执法保障中心，作为正处级事业单位，编制 20 名，设置综合科、执法科 2 个科室，主要承担协助配合宁夏局开展行政执法和监督工作，包括对中央储备物资承储单位违法违规行为的查处和案件核查工作。

改革后综合运行保障中心、执法保障中心、3 个储备仓库共120 人，相比目前事业单位在编人员 158 人精简了四分之一。在提升储备仓库管理效率的同时，还能充实垂管局的监管力量，实现垂管局、中心和储备仓库各司其职，政事权责界限更加清晰。

（来源：国家粮食和物资储备局宁夏局承担的 2022 年度国家粮食和物资储备局软科学课题《储备系统事业单位管理体制机制改革初探》。课题负责人：罗守全，课题组成员：石春山、刘训豹、马立华、海林、寇媛、宋昊、邓晓丹、谭翼飞，中国粮食研究培训中心唐安娜、周竹君摘编，王世海审核）

政府储备支持重点产业链供应链强链稳链的探索和思路建议

——以上海市为例

加强初级产品储备，发挥储备"稳定器"和"蓄水池"作用，对增强产业链供应链韧性，实现战略资源关键领域自主可控，确保关键时刻链路畅通具有重大战略意义。国家粮食和物资储备局上海局、上海市粮食和物资储备局对集成电路、船舶制造等上海市传统优势产业和实体经济主体进行调研，围绕"储什么""谁来储""怎么储"，研究储备在保产业链供应链安全方面发挥"压舱石"和"稳定器"作用的可行模式和具体路径，为推动上海市在保产业链供应链稳定上先行先试作理论探索。

一、初级产品供应面临严峻复杂形势

（一）**部分矿产资源禀赋"先天不足"，对外采买率较高。**重点制造业原材料短缺且进口来源单一。如集成电路产业所需高纯石英砂，需由品质高、易提纯的花岗伟晶岩型石英矿产资源生产，该市场资源 90% 被美国尤尼明公司垄断。我国国内尚未发现此类石英矿产，仅由 1 家江苏公司依靠水晶及优质脉石英生产高纯石英砂。在自身资源禀赋不足情况下，相关矿产资源对外采买率较高，相关产业受国际市场资源供给波动影响较大。

（二）部分初级产品供给不能满足先进制造需求，国产化替代难。集成电路制造用氦气方面，我国氦资源仅占全球 2% 且氦含量较低，截至 2020 年我国氦气自产量仅占总消费量的 2.5%。大规模贫氦天然气提氦技术不成熟且成本较高，氦气液化储运关键核心设备性能不高，与国外相对成熟氦气制取与储运技术路径相比差距显著。在氦气资源受制于人的同时，液氦运输设备同样被卡脖子。美国商务部制定的《出口管理条例》明确规定，20K 以下制冷机及核心部件禁止向我出口；欧盟要求低温设备对我出口必须报最终用户，且设备卖方有现场检查权和否决权；日本从 2015 年开始禁止冷压缩机向我出口；法国液化空气集团等采取限售措施，每年相关中国企业仅能购入 2—3 个液氦罐箱。船用曲轴方面，我国在 2017 年已实现技术突破，但产品性能和成本价格与国外同类商品相比不具竞争优势，导致国产曲轴商业应用少，技术研发迭代跟不上产业需求，长期大量依靠进口，无法实现国产化替代。

（三）对外采买率高的初级产品供应链中断风险日益加大。我国已深度融入全球产业链供应链，也更容易受到地缘政治和突发事件等外部因素的影响和冲击。我国集成电路发展受地缘政治封锁，美国 2021 年成立由 64 家半导体产业链企业组成的半导体联盟，2022 年组建包括美、日、韩及我国台湾地区的"芯片四方联盟"，控制全球十大半导体企业，并出台《芯片和科学法案》，对我大陆集成电路产业形成围堵之势。我国部分企业被列入实体清单，对加强储备维护产业链供应链的稳定需求十分迫切。

二、健全"储什么"需求生成机制，服务"强链""稳链"需要

（一）**聚焦重点产业链供应链薄弱环节。** 上海市是我国集成电路产业链最完整、产业集中度最高的地区，集成电路产业规模占全国 50%。以集成电路中单晶硅片制造为例，核心"拉晶"工艺所需初级产品为纯硼、液氦、高纯天然石英、合成石英、高纯石墨等。根据"卡脖子"程度分析，可将来源国单一的，列为"拉晶"环节供应链中可能受遏制被封锁的战略物资和重要商品。

（二）**聚焦关键、核心、"卡脖子"材料，提出储备品种清单建议。** 以船舶制造所需特种钢材为例，"卡脖子"短板材料主要有三类。一是"自身没有"，即尚处于研发阶段，短期难以实现自主生产的"卡脖子"产品，建议纳入储备品种清单。二是"有而不用"，即已完成研制并得到用户试验验证，但尚未得到广泛应用的产品。建议在推动国产化替代的同时纳入储备品种清单。三是"有而不优"，即已具备生产能力，但一致性、稳定性存在差距，还不能完全满足用户需求的产品，建议通过补贴支持等方式推动产品研发应用和技术迭代升级。

三、构建多元储备体系，解决"谁来储"的问题

（一）**鼓励社会参与，多元化拓宽储备物资获取渠道。** 对于被国外列入出口管制清单的资源，如氦气等原材料和运输设备等被多重"卡脖子"产品，建议采取社会多元参与的方式储备，鼓励境内国企、民企、外企加大相关初级产品进口力度，建立相关资源的公

共交易平台，政府通过建立统计调查和信息报告制度掌握市场保有量和社会动员潜力。可借鉴日本石油储备的"第三方储备"模式，由政府出资建立储存设施，引入资源国在境内建立一定规模的储备，形成社会多主体采购、多主体储备的多元储备格局。

（二）深化央地融合，建立品类互补、供需对接的储备机制。地方政府储备对接国家储备发展规划，在储备品种、规模、布局上与中央政府储备实现互补。围绕地方优势产业领域，探索建立重要生产资料储备并实施动态管理，同时加快建立在沪央地储备管理部门与重点产业链相关企业的对接机制，加强对上海市乃至长三角地区的初级产品供应安全保障。

（三）落实责任储备，加快补齐企业社会责任储备短板。加快推动国家储备立法，推动相关在沪央企建立企业社会责任储备。按照国家有关要求和上海市社会经济发展需要，上海市行业主管部门建立重点企业白名单制度，明确企业社会责任储备义务。落实物资储备财政、信贷资金保障，畅通社会多元资本参与储备建设渠道，发挥国有企业、跨国集团在沪总部企业和重点民营企业示范带头作用，鼓励企业建立一定规模的社会责任储备。

四、坚持产储结合、常储常新，解决"怎么储"的问题

（一）实物储备、产能储备、协议储备相结合，提升储备与产业需求的耦合度。对于对外采率较高、适宜长期存储的高纯石英砂等品种，建立资源（地）储备、原材料或半成品储备、产成品储备，丰富实物储备形式。对于生产周期短、需求量大、流通周转快的品种，通过财政补贴等支持重点企业建立一定产能储备，作为供应链

断裂危机发生时的备份；在产业链供应链出现不稳定因素时，能够迅速生产出所需的产品。对于存储时间较短、使用量较大的品种，如集成电路产业所需光刻胶单体，存储时间平均在 6 个月左右，可建立协议储备，遇突发或紧急情况政府有权要求企业优先供货或租用、调用，日常由企业结合生产计划自主轮换，一旦需要动用储备，能立即投入生产，避免静态储备造成资源闲置浪费。建立常态化调研和信息统计报告机制，发挥垂管局对辖区内储备物资生产、储存、运输、销售、贸易等相关信息收集、整理的作用，确保突发或紧急情况发生后，快速组织生产、调配，实现物资可靠供应。

（二）建立重点企业白名单、区域产业链供应链稳定的协作机制。利用上海重点产业集中度高、口岸贸易突出、金融服务多样化、产业链上下游配套相对完备等特点，建立上海市重点企业白名单和长三角区域产业链供应链协作机制，吸纳竞争力强、社会责任意识强、与上下游产业联系密切的行业骨干龙头企业，形成一批行业的"链主"式企业，有利于发挥资源协同优势，建立紧缺物资联采、联储、联供机制，形成上下游配套、中小企业分工保障、协同发展，增强区域产业链供应链韧性。

（来源：国家粮食和物资储备局上海局、上海市粮食和物资储备局承担的 2022 年度国家粮食和物资储备局软科学课题《探索走进重点产业链为供应链薄弱环节提供储备保障——以上海市为例》。课题负责人：潘一闽、殷欧，课题组成员：张渊、陈辉、武林丽、欧奇峰、陈逸芸、施恒、葛彩云、李董，中国粮食研究培训中心石光波摘编，王世海审核）

长三角地区应急物资储备一体化进展及建议

2018年长三角区域一体化发展被列为国家战略，2020年"三省一市"签订《长三角地区应急物资储备保障高质量一体化发展战略合作框架协议》。建构长三角地区物资协同储备，形成物资联收、联储、联用新格局，是推动高质量物资储备体系发展的重要途径。

一、应急物资储备一体化发展基础

一是规模及功能不断丰富拓展。长三角地区所储应急物资涵盖应对自然灾害（干旱、洪涝、地震、台风等）、公共卫生事件（新冠肺炎疫情防控）、事故灾难等突发事件，所需的相关通用、专业与基本生活类保障物资。以江苏为例，目前储备有被服类、安置类、装具类、装备类4大类约100余种应急救灾物资。二是应急物资科技水平显著升级。潜水机器人、北斗终端（灾情直报型、应急救援型、车载导航型）、无人航拍监测飞机、声呐检测仪、堤坝检测仪、全电动推高车等一批生活类和专业性高科技救灾物资纳入到储备序列。三是应急物资综合保障有效性显著提高。多重复杂应急救援场景中，能够有效满足人员基本生存保障、夜间照明、通讯指挥、交通导航、电力供应、医疗搜救、安全警示、工程防御等一系列综合性处置要求。

二、一体化发展面临的主要挑战

一是跨行政区划协调统筹仍是短板。应急物资相关职能转隶没有从根本上扭转"九龙治水"格局，跨行政区划协调统筹仍是短板。受财政收支、气候因素、产业布局、人口流动等因素影响，储备需求与成本控制间存在省际间博弈，一体化工作推进过程中容易出现顶端原则不清，中端内容缺失、条块分割，末端权责不清、落实不力等问题，影响应急物资供需匹配的精准性与时效性。

二是基础设施、信息化共享方面有待畅通。物资仓储设施布局存在"多头行动""多地开花"的重复建设，区域内应急物资仓容与物流设施科学调度与协同分配不足导致共用程度较低，设施冗余和不足现象并存，共建共用水平不足。不同地域物资储备信息的标准化统计口径、信息系统数据存储载体、链接交互协议、可视化操作界面"一地一样"，制约跨区域储备物资信息实时共享、物资调用决策的效率和精准性。

三、对策建议

一是启动规划编制工作。按照战略合作框架协议，对应急物资储备品种、储备规模、物资调用、应急保障等逐步进行统一规划，对区域间应急物资储备及相关附属基础设施一体化收储、物流、使用及建设费用的支付、监管、结算及审计等流程建章立制。协同制订突发情况下长三角地区"三省一市"应急物资保供预案，增强相互衔接与支撑能力。

二是设立协同办公机制。开展联合调研会商，统一确立基础性通用应急物资储备品种目录、数量标准与采购渠道。健全专用物资储备目录并动态更新。制订区域应急物资轮换年度计划，推进物资储备的纵向轮换、长三角区域横向轮换、政府物资储备和企业物资储备之间的双向轮换等机制建立。适时对一体化建设重要目标指标、主要任务及关键项目落实情况进行跟踪反馈，保障整体工作落实落细高效有序。

三是完善数据治理机制。加快启动区域应急物资协同储备数字化转型。协同做好常态下区域数据治理工作，规范应急物资储备信息横向汇总、纵向上报作业标准。完善覆盖储备应急物资品种、质量、规模、价值、布局等数据信息的逐级统计与区域汇总工作。整合关键应急物资生产企业信息、社会团体物资储备库点分布等数据，形成储备物资供需动态监测系统，并将其统一纳入长三角应急物资一体化储备数据与信息平台，实时掌握应急物资供求分布变动情况。

四是建立社会动员机制。配套建立应急物资储备财政专项补助共同基金管理机制、社会力量动员与参与激励补偿机制。当市场机制和政府储备无法缓解缺口扩张，"三省一市"可协同实施应急物资社会动员，发布政府兜底采购收储名录，快速调配与投放储备实体物资，依法征用民间物资并及时进行补偿，规避市场极端响应后遗症。

（来源：南京财经大学、江苏省粮食和物资储备局承担的 2022 年度国家粮食和物资储备局软科学课题《长三角地区应急物资一体化储备机制研究》。课题负责人：王晨，课题组成员：滕立轩、赵霞、刘能雄、

张勇、钱龙、王凌、邵凯超、冯佑帅，中国粮食研究培训中心石光波摘编，王世海审核）

强化西部边疆地区
物资储备能力建设的建议

——以西藏、新疆为例

治国必治边，西藏、新疆在我国边疆治理和国家治理中具有特殊地位，是重要的国家安全屏障。加强物资储备能力建设，构建系统完备、科学规范、运行高效、平战结合的地方物资储备体系，对两地实现"稳定、强边"目标具有重要战略意义。

一、西藏、新疆物资储备现状

近年来西藏大力加强应急物资储备能力建设。从储备品类看，目前储备了帐篷、救灾被服、个体防护、照明用具、应急救生、能源动力、生活用品、装备工具八大类 58 个品种救灾物资，物资品种比"十二五"末增加约 60%，基本能够满足应对一般自然灾害的需求。从储备规模看，全区地方应急救灾物资储备数量比"十二五"末储备规模增加了 3 倍有余，能够满足自然灾害地方应急预案二级响应保障人数的需求，储备物资总价值与"十二五"末物资储备价值相比翻了一番。从储备布局看，全区救灾物资仓储设施较"十二五"末相比增加 203 个。近 3 年来，西藏储备物资有效应对了日喀则定日县、阿里改则县、那曲比如县等地震灾害和局部自然灾害应急需求，保障了群众生命财产和人身安全。新疆"十三五"以来不断加大对物资储备的投入力度，促进全区物资储备规模不断扩大。截至目前，共储备中央和地方物资分社会安全类、公共卫生类、能源保障类、生产生活类、抗灾救灾类、保障能力类等六大类25个品类物资，2022年建立了食盐政府储备和企业社会责任储备，启动政府成品油储备计划，进一步丰富了储备物资，提升了应急保障能力。

二、物资储备能力建设短板弱项

一是储备物资结构规模不能完全满足需要。新疆反映，储备物资品种欠缺较多，部分物资储备量不足。如自治区本级没有防汛抗旱物资储备库和物资储备，在疆中央物资储备库储备物资数量有限、品种较少，无法满足抗灾救灾需要。各县市虽有物资储备库，但没有专项运维经费，主要抗灾救灾物资紧急状况需从外地调运，距离远、时效性不强。重大动物疫病应急物资储备数量小、品种少，应对多点突发重大动物疫情难度大。没有建立医药政府储备，历年出现突发自然灾害、公共卫生事件和社会安全事件时，医药主要依靠企业储备和国家调拨、支援等，地方政府临时采购难以应对急需。西藏反映，符合高原高寒使用条件的应急物资较为缺乏，市县层面物资储备规模按照保障人数核算还没有落实到位。

二是储备基础设施和手段较为落后。西藏、新疆均存在基础设施配套不够完善的问题。两地地域辽阔，空间跨度大、交通运输距离长，而大部分应急救灾储备仓库的建设及配套设施不完善，物资装卸调运机械化程度普遍较低，影响物资装卸和调运效率。

三是急需落实多元主体责任。多元主体储备体系尚未健全，社会库存能力、动员能力建设严重不足，物资调拨能力后劲不足。其中，西藏全区应急救灾物资主要由事业性质的救灾物资储备中心承储，个别地市由国有粮食企业承储。企业储备责任尚未明晰，中央储备和地方储备职责、定位尚未厘清，企业商业最低库存和社会责任储备之外的合理储备规模有待落实。

四是体制机制有待改革。两地均反映，机构改革以来，相对集中统一归口管理的物资储备格局远未形成。作为承担物资储备管理职责的地县发改（粮食和储备、商务）基层部门，人员不足或不稳定的情况较为突出，未能落实"有条件的地方应在储备领域加快实现一类事项原则上由一个部门统筹、一件事情原则上由一个部门负责"的要求。其中，西藏反映，中央救灾物资在藏管理机构尚未设立，由西藏地方机构代管，管理体制不够顺畅。轮换机制方面，物资储存年限、轮换触发条件、质量标准等缺乏顶层设计。此外，基层物资动用不同程度存在"未批先用"的不规范现象。

三、提升物资储备效能的对策建议

一是建立统筹协调机制。两地建议，自治区层面需成立物资储备工作领导小组或指定牵头部门定期召集协调机制，统筹研究全区物资储备规划、品种目录、结构布局、政策协调、设施建设、动用调度、资金保障、数据统计、考核考评等事宜。西藏建议，协调国家粮食和物资储备局垂管机构在藏设立管理机构，实现对中央救灾物资的人、财、物、事直接管理，减轻地方机构管理压力。

二是统筹用好储备设施资源。积极争取中央财政支持储备设施建设，支持多元主体加大储备投资建设力度，鼓励大型企业参与综合性储备保障基地建设。利用现有储备仓储资源，改造和建设一批综合性储备基地和物资仓库，强化集散中转和综合保障功能。推动在交通不便或多灾易灾乡镇建设应急物资储备点，加强储备仓储设施向边境一线和易灾乡镇布局。新疆加快推进乌鲁木齐中央级救灾物资储备库搬迁还建。西藏借助援藏平台争取为全区粮储部门配备一批叉车、货架、托盘、北斗定位系统等机械化、现代化装卸调运设备，完善物资调运物流体系建设，建立物资运输投送保障协议机制。

三是探索多主体协作机制。建立重要物资储备需求常态化对接机制，推动仓储设施、数据信息、采购渠道共享共用，有条件的地市可借助援藏援疆平台探索建立"飞地"储备模式，实现物资供应互联互保。充分发展西藏应急准备金作用，按照相关规定给予从事政府储备、企业社会责任储备的承储运营机构税收减免、先征后返等优惠政策。落实中央关于深化兵团改革的精神，建立健全兵地物资储备安全保障协调机制，加强储备安全管理，实现地方与兵团物资储备协同高效运作，共同保障区域物资储备安全。

四是推进企业社会责任储备和产能储备。将生产加工企业、专职储备企业、物流运输企业纳入产能储备范围，扶持和壮大本地规模以上物资加工企业，形成一定的产能储备。按照"政府储备调控补充、保障平常调控所需、结合企业储备能力、适时进行动态调整"的原则建立企业社会责任储备。完善企业社会责任储备建立和考核办法，实行承储主体动态调整，对定期考核达到规定储备量、储备管理情况较好的企业给予一定财政补助或奖励；严格落实平时考核与年度考核相结合、数据监管和定期实地监督检查的监管考核制度，紧急状态下政府履行征用和优先动用职责。

五是完善配套管理措施。政府储备物资的收储、动用、轮换和日常管理、仓储设施维修等费用，由同级财政予以保障。推动物资储备数字化建设，建立政府部门、储备单位、相关企业物资储备综合数据直报系统和储备统计分析平台，实时掌握自治区政府实物储备、企业库存和产能储备实际情况。轮换机制方面，分品类明确物资储存期限和触发条件，拓展物资轮换渠道，开展适时轮换，并对轮换去向予以明确规定；对市场能够消化的储备，实现公共平台招投标机制，对市场不能消化的储备，指定专门渠道予以轮换。

（来源：西藏自治区粮食和物资储备局，国家粮食和物资储备局新疆局、新疆维吾尔自治区粮食和物资储备局分别承担的 2022 年度国家粮食和物资储备局软科学课题《关于应急物资储备安全管理体制机制改革的对策研究》《新疆物资储备管理体制机制存在的问题及对策研究》。课题负责人：边增，课题组成员：罗泳雨；课题负责人：戴文辉、葛标，课题组成员：谢斌、郑栋梁、肖红、叶爱农、张媛媛、高东良、周洁、赵强，中国粮食研究培训中心石光波摘编，王世海审核）

第四篇
全面落实粮食安全党政同责

基于安全效能目标的
粮食储备央地对接机制研究

"备者，国之大命也"，粮食储备是保障粮食安全的重要防线，是经济社会正常运转的"稳定器"和"压舱石"。目前我国已经形成中央粮食储备和地方粮食储备相结合的粮食储备体系，为保障国家粮食安全提供了坚实的物质支撑。为适应国家粮食安全新形势新变化，需进一步厘清各级储备粮的功能定位和逻辑关系，构建权责清晰、功能协调、相互联动的中央与地方粮食储备关系，提升国家储备粮整体效能。本研究以安全效能为目标，着重对粮食储备央地对接机制进行设计，提出保障粮食储备央地对接的政策建议。

一、中央及地方储备粮管理体制

（一）**中央储备粮管理体制**。中央储备粮粮权归属国务院，当前已形成中国储备粮管理集团有限公司、国家粮食和物资储备局、国家发展改革委、财政部、中国农业发展银行"五位一体"的管理体制。首先，由中储粮负责中央储备粮的经营管理，其建立的"总公司—分公司—直属库"三级垂直管理系统已形成，此前由地方粮食行政管理部门负责的政策性粮食业务全部移交辖区内的中储粮分公司，以加强国家对政策性粮食的管理和调控。其次，为解决中央储备粮数量、质量和储存安全监督检查问题，国家粮食和物资储备局及其在地垂管局对中储粮总公司及其分公司进行行政监管。再次，国家发展改革委负责中央储备粮的总体规划与布局设计，储备保管和补贴的费用、利息由中央财政承担，中国农业发展银行负责安排中央储备粮所需贷款。

（二）**地方储备粮管理体制**。1994 年分税制改革后，中央与地方的财权与事权逐渐明晰，粮食领域也在 1995 年开始由地方建立财权与粮权相统一的地方粮食储备制度，由地方出面承担面向本地需求的储备责任和财政支出，确定了省、市、县三级政府负责的地方储备粮管理制度，省级粮食储备比重较大，占据主导地位。地方储备粮的费用、补贴、利息等由粮食风险基金列支，标准参照中央储备粮执行。地方粮食储备规模按照"销区 6 个月消费量，产区 3 个月消费量，产销平衡区 4.5 个月消费量"确定，成品粮储备规模为地方常住人口 15 天的口粮消费。

二、构建央地储备对接机制的主要内容

强化中央储备与地方储备的对接机制是提升粮食储备治理效能的关键点，应以科学定位、协同合作为原则，统筹考虑中央储备和地方储备在功能定位、储备规模、储备布局、储备形态、储备轮换等多方面的对接。

（一）**央地储备功能定位对接**。现阶段，中央储备粮的功能是备战、备荒和调节市场（调节全国性的丰歉余缺），地方储备粮的功能是调节市场（调节区域性的丰歉余缺）。建议按照粮食安全所涉及的范围进行功能目标的定位，比如应对战争、突发事件、重大

自然灾害等全局性粮食安全问题，由中央储备粮调节。应对区域性的粮食丰歉余缺，则交给地方粮食储备，相对而言，地方政府对于辖区内的需求和市场信息掌握更全面更透彻，具有天然的优势。此外，从时间维度上看粮食储备功能，可以将粮食储备应对风险和事件的时间划分为长期、短期和即期。建议地方储备应对即期风险，中央储备可应对长期风险，短期风险则视情况灵活安排。

（二）**央地储备规模对接**。建议就中央储备规模而言，根据产需平衡的原则，确定下一年度各品种储备率，首先对历史数据进行拟合，得到粮食下一年度的生产和消费趋势，并根据过去粮食生产风险进行调整，得到标准情况下粮食单产，进而求得总量。同样求得总消费量，二者之差即为所需储备粮，可得到对应储备率。地方粮食安全影响因素较多，粮食储备规模直接按照"一刀切"的模式来设置存在弊端，忽略了地区差异，缺乏弹性。一般而言，地区粮食储备规模与粮食生产能力、人口规模、经济发展水平、自然灾害发生率、交通状况以及社会影响力等因素紧密相关，需设置指标、构建实证模型，对各地区粮食储备规模进行测算，最终确定合理科学的储备规模。

（三）**央地储备布局对接**。根据当前的储备运行机制，中央粮食储备主要分布在主产区，而地方粮食储备也通过销区在产区建库或者合作代储等形式对主产区施加储粮压力。建议首先根据区域内粮食储备与粮食需求的契合情况、粮食资源获取能力、粮食供应链保障能力等对我国省域储备状况进行划分，重点关注三种类型，即经济发展水平较高而粮食储备薄弱、经济发展水平较低而粮食储备薄弱、经济发展水平较低而粮食储备超量。其次，分区施策。对于第一种类型的地区，按需求压实地方储备粮食在本地区的实际储备量；第二种类型的地区是储备建设的重点，这类地区通常交通通达性较低，调运难度大，中央和地方均应加强仓储设施的扩容；对于第三种类型的地区，着重加强中央储备，为地方政府的储备减负。

（四）**央地储备形态对接**。根据本研究对央地粮食储备功能的分工，即期风险应当由更加熟悉本地市场环境的地方政府承担，即由地方粮食储备应对粮食市场的即期风险。据此，在实际操作中，建议由地方政府负责成品粮的应急储备，而中央储备则以原粮储备为主。或者在中央储备粮管理维持不变的基础上，考虑到机构改革后县级粮食行政管理机构编制缩减的实际，在储备层级设置上仅保留省级和市级储备。将地方原粮储备统一合并为省级粮食储备，市级负责成品粮应急储备。

（五）**央地储备轮换对接**。建议在轮换管理计划上，中央和地方建立会商渠道和平台，中央和省两级之间做好决策对接，对轮换数量和轮换时间进行商议，避免集中轮换冲击粮食市场和价格。或者由中央根据各地粮食行情统筹安排地方粮食储备轮换的时间，把握轮换节奏。

三、构建粮食储备央地对接机制的政策建议

（一）**加强央地储备对接的顶层设计**。以安全效能为目标，对中央和地方粮食储备的功能、规模、布局、形态、轮换等方面进行合理分工，减少资源浪费，减轻财政负担。需要从体制机制的顶层设计上建立起相互分工又相互衔接的央地储备对接机制，进而理顺二者在实际操作过程中的问题。

（二）**加快央地储备对接的立法规范**。当前国家对于粮食储备

的规定散见于相关法规规章之中，且立法层次相对较低。建议通过立法加快明晰中央和地方各自的权力边界与权利义务，通过法律手段明确央地储备的权责，并进行有效监管。

（三）**加紧央地储备对接的考核评价**。对中央粮食储备而言，国家粮食和物资储备局在全国设立26个垂直管理机构负责监管辖区内中央储备粮。地方粮食储备由地方政府负责，纳入粮食安全责任制考核之中。建议将央地储备对接工作逐步纳入垂管部门和粮食安全责任考核，保障政策落实见效。

（四）**加强央地储备对接的大数据应用**。央地粮食储备对接过程中需善用大数据思维，注重数据沉淀与数据管理。比如在粮食轮换、粮食市场信息监控、调节粮食市场、进行中央和地方储备引导等方面，进一步强化大数据运用，更好地为央地对接提供决策依据。

（来源：南京财经大学、南京市发展和改革委员会承担的2022年度国家粮食和物资储备局软科学课题《基于安全和效能目标的粮食储备央地对接机制研究》。课题负责人：刘婷，课题组成员：徐震中、曹宝明、曹金龙、何牧、易小兰、胡迪、李莹、佴逸萧，中国粮食研究培训中心刘珊珊、王娟、崔菲菲摘编，王世海审核）

我国粮食生产重心北移的影响与对策建议

我国三大粮食产区为长江流域、黄淮海平原、东北地区。从粮食生产以及区域协调的历史脉络上看，我国粮食供应长时间处于南粮北调的格局。但到20世纪90年代，伴随经济发展中心的南移，我国开始进入北粮南运时代，南方地区逐步转变为粮食调入地，北粮南运的供销格局逐步被强化。伴随城镇化、工业化进程，粮食生产重心逐步向北迁移，粮食生产供给日趋向北集中，北方地区粮食供给压力不断增大，粮食调度风险和保障市场供应压力随之增加，全国粮食安全面临新的挑战。

一、粮食生产重心北移

（一）**粮食生产重心逐步向北迁移。**在历史上，从三国时代到唐宋以后，经过数百年大开发，南方成为粮食生产基地，不仅可以自给自足，还能大规模供应北方所需，在漕运巅峰时期，每年由南方运往北方的粮食最高可达600万石。新中国成立初期，南方14个省份中有超半数为粮食净调出省份，南粮北调的格局，一直到20世纪下半叶仍未打破。改革开放以来，南方地区大力推进工业化、城镇化，粮食生产供给能力趋减；北方地区积极推进农业综合开发、商品粮基地建设以及水利设施改善等，粮食生产供给能力逐步增强。20 世纪 80 年代中期，南方大米仍在向北方输入，但北方的玉米流向南方的数量开始超越南方大米北上的数量，"南北"格局开始有所变化。通过采用重心迁移模型计算：2000—2020 年，全国粮食产量重心逐渐向北方迁移，地理坐标分布在 113.77°—114.95° E，33.34°—35.55° N，均位于河南省的北部。

（二）**粮食生产比重南北差距持续扩大。**2000—2020 年，全国粮食产量由 46217.5 万吨增长至 66949.2 万吨，但生产比重南降北升趋势持续扩大，15 个北方省份粮食产量占全国总产量的比重从 45.65% 攀升至 59.22%。2020 年粮食产量 10 强省份中，北方占据 6 席，黑龙江、河南、山东位居前三，东北三省粮食总产量达 13682.8 万吨，占全国总产量的 20.44%，比上海、浙江、福建、江西、湖北、广东、广西、海南、重庆、贵州、云南等 11 省份粮食总产量还多出 774.1 万吨。

（三）**粮食生产供给北粮南运持续增加。**我国严重缺粮区主要集中在东南沿海地区，北粮南运是解决南方地区粮食缺口的重要途径之一，且呈现出持续增加的趋势。广东是全国最大的粮食主销区，粮食自给率 1/4 左右，每年需从北方省份调入大量粮食满足省内消费；福建作为我国第三大粮食主销区，粮食产量一年 500 万吨左右，但消费量却超 2100 万吨，缺口达 1600 万吨，依赖于省外调入或者从国外进口。近年来东北三省商品粮量约占全国的 1/4、粮食调出量约占 1/3，"大粮仓"地位日趋巩固；河南是全国小麦调出第一大省，每年向省外调出原粮及制成品 3000 多万吨。

二、粮食生产重心北移的影响

（一）北方地区资源约束压力增加。一是水资源短缺压力增加。北方地区的粮食产量已远高于南方地区，但占全国总耕地60％以上的秦岭—淮河以北地区拥有的水资源量仅占全国18％左右，北方地区耕地每亩平均占有径流量不足南方地区的1/7，13个粮食主产省中有7个都在北方，"北粮南运"格局将进一步加剧北方地区粮食生产用水紧张。二是耕地质量下降压力增加。粮食生产中化肥、农药、地膜等农业物资的持续使用，导致土壤退化问题日益突出，如东北黑土区耕地土壤有机质含量大幅下降、华北耕层变浅、西北耕地盐渍化等。

（二）跨区域调运压力增加。伴随着粮食生产重心向北迁移，跨区域调运粮食量不断增加，导致粮食运输成本不断加大，粮食调运压力进一步增大。一是调运粮食的物流能力不均衡。我国重要节点粮食接卸及分拨集散发展不均衡，统筹协调物流资源能力有待加强，如东北及东南沿海等港口发运、接卸能力过剩，西北、西南内陆地区散粮接卸能力不足，如何协调好区域间物流资源已成为提升调运粮食效率的关键。二是调运粮食的仓储体系不健全。粮食调运各环节设施设备、运输工具标准不匹配、不衔接，快速中转仓容占比偏小，大部分平房仓设施自动化水平较低，快速中转能力不足，绿色低温储粮和适应分品种、分等级的分仓储设施有待增加，应急低温成品粮储备能力有待提升。

（三）南方地区粮食自给压力增加。一是农户种粮积极性不高。随着南方地区经济发展水平不断提升，对农业人口的就业拉动作用显著增强，非农收入成为农民家庭收入的主要来源，导致农民种粮积极性降低，粮食生产规模不断萎缩，粮食自给率较低。二是南方地区粮食需求增多。南方地区的经济快速增长，一方面吸引大量人口流入，另一方面带动了畜牧业、饲料业等涉农产业发展，在不同程度上增加南方地区粮食需求，也进一步加剧了南方地区粮食自给的不稳定性。

三、相关政策建议

（一）**有效落实粮食分区生产政策**。明确划分各省（区、市）的粮食安全责任，提升粮食主产区的粮食生产能力，推进粮食生产集约化经营，加快低效产区改造和粮食核心产区建设，切实保持粮食生产能力长期稳定。稳步提升产销平衡区的粮食产量水平，推动建设旱涝保收、高产稳产的口粮田，保证粮食基本自给。明确粮食主销区的播种面积，稳定和提高粮食自给率。在完成国家下达的粮食产量目标任务基础上，加大对粮食主产区的补偿力度，形成粮食主产区和主销区之间的粮食安全责任利益补偿的长效机制。指导各区域提高水土资源利用效率，在北方地区适时开展"稻改旱"，推动生产结构转型。

（二）**严格落实粮食安全党政同责**。充分发挥考核"指挥棒"作用，强化各区域粮食种植面积、粮食产量等考核指标，积极构建省、市、县三级考核制度，层层签订粮食安全考核责任状，争取列入政府年度考核指标。实施耕地抛荒撂荒责任追究制，将粮食生产与干部奖惩相挂钩，强化考核激励，压实压紧各级党委、政府粮食安全主体责任，提高对保障粮食安全的重视程度。

（三）**不断完善粮食物流体系建设**。加快各省（区、市）粮食仓储物流设施建设，结合区域特点，培育规模适度的粮食交易市场。鼓励粮食流通企业以及农民合作社、农业产业化龙头企业等成为粮食流通主体，加快高产量地区仓储设施改造升级，建设具有粮食分拨集散功能的大型物流枢纽，合理布局粮食流通基础设施，形成铁路、公路、水路运输紧密结合、有效衔接的粮食流通网络。完善粮食应急管理体制，形成地区之间粮食对口支援机制，提升粮食的应急保供能力。

（来源：青岛农业大学承担的 2022 年度国家粮食和物资储备局软科学课题《我国粮食供给格局演变与新格局下落实粮食安全责任政策研究》。课题负责人：马龙波，课题组成员：毛炎新、郑丹、张慧杰、江文斌、鞠立瑜、杨彬煜，中国粮食研究培训中心张慧杰、刘珊珊摘编，王世海审核）

稳步提升西北地区大豆产能
切实保障区域粮食安全

2022 年中央一号文件明确提出要"大力实施大豆和油料产能提升工程",支持扩大大豆种植面积,提高我国大豆自给率,稳定消费结构,西北各省出台了一揽子政策举措,稳步提升大豆播种面积和产量,深入贯彻落实"主产区、主销区、产销平衡区要饭碗一起端、责任一起扛"。本报告围绕我国大豆供给和西北地区大豆产能需求及面临的主要问题开展深入分析,为促进西北地区大豆提产增效提出了政策建议。

一、我国大豆消费及供给情况

(一)**消费迅猛增长**。上世纪 90 年代末,我国大豆消费总量为 1547.70 万吨,到 2021 年消费总量达到 1.17 亿吨,增长了约 6.53 倍,年均增长率 8.26%,是世界上最大的大豆消费国。其中,以大豆油压榨及豆粕消费为主的压榨消费占比 84.07%,食用消费占比 12.45%,种子用量占比 0.64%,损耗及其他占比 2.84%。

(二)**自给严重不足**。我国大豆产量近 10 年来都在 1200—1500 万吨左右,2019 年后随着一系列激励政策出台,大豆产量从 2018 年的 1596.71 万吨增至 2020 年的 1960.18 万吨。随着大豆消费的迅猛增长，我国大豆进口总量近 20 年来一直处于上升趋势，从 2000 年的 1041.60 万吨增至 2021 年的 9652.00 万吨，增幅达 826.7%。进口来源主要集中在美国、巴西和阿根廷三国，近 10 年从三国进口数量占到大豆进口总量的 99.5%。

二、西北地区大豆产能基础及需求分析

（一）**现有产能及地域优势**。近 10 年来，由于大豆种植收益不断下降，西北地区大豆年产量、种植面积均呈下降趋势，大豆单产变化幅度不大，年均产量、年均种植面积、年均单产量分别在 9.53 万吨、53.73 千公顷、1372.23 公斤 / 公顷左右。但西北地区光热资源充足、日照时间长、昼夜温差大、相对湿度低，有利于作物的生长发育及营养物质的积累，非常适合高蛋白质和脂肪兼用型的大豆品质种植。

（二）**未来需求及面临问题**。西北地区畜牧业发展潜力较大，牛、羊、猪、鸡等养殖业发展势头强劲，豆粕消费量将持续攀升，大豆供需缺口很大。西北五省（陕西、甘肃、青海、宁夏、新疆）2020 年的大豆产量约为 37.4 万吨，不足国内生产总量的 2%，大豆增产面临着种植面积不足、深加工水平较低、农民积极性不高、种植管理粗放及育种技术薄弱等主要问题。

三、提升西北地区大豆产能对策建议

（一）**积极推广玉米大豆带状复合种植**。"玉米大豆带状复合种植技术"具有高产出、机械化、可持续、抗风险等优势，是保

障玉米生产稳定、提升大豆供给能力的有效途径。该技术采用2—4行密植玉米带与2—6行大豆带复合种植，形成一种镶嵌结构交替轮作，两种农作物互补，土壤有机质含量可增加19.8%，复合系统光能利用效率显著提升，氮、磷肥利用率分别提高84.8%和34.2%，可为农户每亩实现增收360元以上。玉米大豆间作还可提升农作物抗病虫害能力，农药施用量降低10%至15%。和净作相比，应用该技术后的土地可实现玉米不减产、亩多收大豆100—150公斤。甘肃省2022年首次推广大豆玉米复合种植30万亩，补贴资金1150万元，农技人员线上线下指导农户作业，技术推广应用效果良好。

（二）**深入开展盐碱地大豆种植研究示范。**耕地资源有限、大豆单产水平偏低和种植效益差等综合因素是制约大豆产量的主要原因。西北地区盐碱地分布较多，优质耕地资源有限，盐碱地的改良培肥对保障西北地区粮食产量和实现土地资源的可持续利用具有重要意义。治理盐碱地和选育耐盐碱大豆品种是提高大豆自给能力的两种思路。有机物料和调理剂是常用的盐碱地改良方法，单施有机肥与有机物、生物炭和调理剂三者配施可提高单株荚数、单株粒数和单株籽粒重来显著增加产量。专家研究建立了大豆从芽期、芽苗期到全生育期的逐级筛选方法，从887份大豆种质资源中筛选获得69份耐盐碱资源，可为耐盐碱育种与耐盐碱基因资源利用提供基础材料。

（三）**推动发展旱地大豆种植。**我国西北地区年降水量匮乏是制约大豆产量的主因之一，高强度干旱胁迫会使植物体生长代谢严重受阻，造成不可逆的伤害。研究表明，干旱程度越重减产越严重，受旱时期不同对大豆产量影响也有差异，各时期减产程度为鼓粒期＞

花荚期＞营养生长期。滴灌技术通过向土壤中埋入低压管道的方式，将滴灌管道铺设于农作物种植区域内，通过滴头以点滴的方式，对大豆等农作物根部进行精准浇灌。水肥一体化滴灌技术可改善土壤结构，避免水资源浪费，有效控制灌溉用水量及肥料使用方式，调节大豆生长周期和促进农作物病害虫防治。积极施用地膜覆盖技术，膜下滴灌可以提高水分利用率，大幅度减少农业用水，突出保墒保湿效果。上述节水控水技术的推广运用，将为西北地区因地制宜发展旱地大豆种植提供强有力的技术支撑。

（四）加大科技及政策支持力度。我国大豆生产发展比较缓慢，与发达国家还存在较大差距。"十四五"时期，大豆增产的关键在于稳步扩增面积、提升单产，提高大豆产业质量效益和竞争力。应加大科技研发投入力度，集中资源优先解决大豆在育种、加工、机械设备、病虫害防治等发面的"卡脖子"问题，形成行业龙头企业牵头与科研机构、高等院校等合作共建的产学研深度融合创新发展模式，夯实国产大豆科技自强的基础。适度调整种植业结构，稳步推进玉米大豆复合种植规模，西北地区每年可将30%旱地和盐碱地纳入种植范围，三年实现全覆盖。派遣专业农技人员下乡指导农户掌握地膜种植技术、土壤保温技术、物理防控技术、机械化技术等农业技术，提高撂荒地、旱地、盐碱地的利用率，促进大豆产业规模化发展。重视配套技术研究，完善大豆生产者补贴政策和轮作补贴政策，调动农民种植大豆积极性，有效增强大豆供给保障能力，维护好区域粮食安全。

（来源：甘肃省粮食和物资储备局、甘肃省粮油质量监督检验所承担的2022年度国家粮食和物资储备局软科学课题《在保障国家粮食安全视角下浅析提高西北地区大豆自给率研究》。课题负责人：周德高，课题组成员：刘文妮、梁毅、林丹、江月、郑震君、刘亮亮，中国粮食研究培训中心刘珊珊、王娟、张慧杰摘编，王世海审核）

地方国有粮食收储企业发展面临的问题挑战及对策建议

——以江西省为例

地方国有粮食收储企业作为政府实行粮食宏观调控的有力抓手，承担着收储政策性粮食、保管地方储备粮等重要职能，是保障农民利益的主渠道，是粮食收储的主阵地，对保障国家粮食安全发挥重要作用。但近年来一些粮企出现"经营'吃不饱'、队伍'难养活'"情况，诱发"靠粮吃粮"等风险隐患。课题组通过对江西省地方国有粮食收储企业特别是基层粮企经营发展中的问题和困难进行深入调研，针对基层企业职能互混经营困难、从业人员老化弱化严重、轮换保障力度不足等问题，剖析原因并提出了有针对性的对策建议，对全国国有粮食企业改革具有一定借鉴意义。

一、地方国有粮食收储企业经营发展中的问题和困难

（一）**基层企业职能互混，存在安全风险隐患。**省级层面，专门成立了省储备粮公司，负责省级储备粮的购销、储存、轮换、动用等具体业务的管理以及国家和省政府委托的政策性任务，不允许从事粮食商业经营活动。市县层面，国有粮食收储企业的政策性职能与经营性职能没有分开，企业既是当地政府粮食调控的重要载体，

承担政策性粮食收储任务，履行收购农民余粮和平抑市场粮价波动的公益职能，还要为自身生存谋出路，经营商品粮购销业务，有着追求利益最大化的内在需求。企业粮仓中同时收储政策性粮食和自营粮，存在互混经营的风险，也增加了政府部门的监管难度。

（二）收储企业经营困难，生存压力日渐增大。一是粮食保管数量大幅减少。近年来国家主导市场化收购，加上国家推进粮食库存消化政策，企业政策性粮食库存急剧减少。最低收购价粮年保管费收入减幅近 80%，基层企业收入锐减，全省企业年均亏损 7000多万元，生存状况堪忧。二是粮食保管费标准偏低。政策性粮食保管费是企业的主要收入来源，自 2012 年省级储备粮每年保管费从 80 元 / 吨调到 100 元 / 吨后一直没有提高，市县参照执行，但 10年来物价、劳动力成本等都有较大上涨。最低收购价粮保管费标准更低，2018 年起由 94 元 / 吨降为 82 元 / 吨，2019 年又降到 74 元 / 吨。目前，部分储粮规模大的企业还能勉强维持，规模小的企业发放员工工资都困难，更无力升级绿色储粮技术。三是企业自主经营乏力。粮食购销完全市场化后，经营主体增多，地方粮食收储企业没有自有资金，风险承受能力弱，自主经营十分困难。四是库点布局过于分散。由于历史原因，各地国有粮食收储企业仍保留着按乡镇设置粮站的经营模式，库（站）点分散、储粮成本高、管理效率低，这与当前种粮大户、粮食经纪人集中售粮的粮食收储发展形势不相适应，部分库点有时收不到粮。

（三）从业人员老化弱化严重，储粮安全面临隐患。一是现有员工队伍年龄结构老化，学历层次偏低。截至 2021 年 12 月，江西省地方国有粮食收储企业员工总数共计 9970 人，40 岁及以下的员工 880 人，占 8.8%；51 岁及以上的 5148 人，占比 51.6%。企业中青年员工占比过低，50岁以上临退休人员占比过半，员工年龄结构明显失衡。从学历情况看，中专、高中及以下学历8029人，占80.5%；大学本（专）科学历1934人，占19.4%；研究生及以上学历7人，只有0.1%。员工整体学历大多为中专及以下，本科及以上人才普遍缺乏。二是企业未来发展受限，后续人才引进动能不足。由于粮食收储企业经费来源单一，员工收入微薄，企业留不住人，懂技术、懂业务、善管理的优秀人才与企业脱钩。粮食仓储、质量检验等工种具有较强的专业性要求，人员需持证上岗，未来5年，基层企业面临大批老员工退休，如果专业技术人员新老接替没能及时跟上，将对政策性粮食储存安全带来风险隐患。如某县粮食购销公司城乡分公司有员工14人，全部超过50岁，平均年龄56岁，没有新人愿意加入，若干年后企业将面临无人可用的情况，类似情况在基层并不少见。

（四）历史遗留包袱沉重，企业发展缺乏后劲。一是部分市县上一轮国企改革仍有历史包袱遗留，有的当年改革职工置换身份补偿金靠收取返聘职工风险金方式筹集，至今尚未还清，有的职工医保、社保欠账较多，企业只能在员工退休前筹钱逐个解决。许多基层企业苦恼的不是怎样发展，而是怎样维持生存。如某县粮油收储总公司是仓容逾万吨、在职员工不到20人的基层企业，下岗职工欠社保1300万元，每年要支付医保补差35万元，企业背上了沉重的包袱。二是由于企业的经营量不足，即使在岗人员也存在着阶段性冗余的状况。

二、促进粮食收储企业发展的政策建议

（一）明确功能定位，严格执行政策性业务与经营性业务分离。一是明确功能属性，保障必要经费。结合贯彻落实中办、国办相关文件，根据政策性粮食储备的公益属性和弱质特征，把承担政策性粮食储备的国有粮食收储企业定位为公益性企业，专门从事政策性粮食收储业务管理，尽可能提升财政资金使用效益。加大对国有粮食收储企业资本投入，优化粮食安全的资源配置，保障其必要的运行管理经费，持续增强经营保障能力，提高粮食安全服务供给的质量和效率。二是因企因地制宜，实行分类管理。以储备粮公司名义设立的企业除组织落实储备粮收储、轮换、销售、动用等具体任务以及政府委托的政策性任务外，不得直接从事粮食商业经营活动。以集团公司形式管理的国有粮食企业，以及有条件的市、县（区），要设立 1 家子公司或地方储备粮直属企业，专门从事地方储备粮收储、轮换、销售和动用业务以及政府委托的政策性粮食收储任务，其管理参照储备粮公司政策性职能与经营性职能分开要求执行，其他子公司或收储企业不再承担地方储备粮业务。其他市、县（区）国有粮食承储企业等按照实物、财务、账务、人员管理严格分开要求，在企业内部实行地方储备粮运营业务与商业经营业务的分开。

（二）科学合理测算，加大地方国有粮食收储企业运行的要素保障。一是合理测算地方国有粮食收储企业常态化仓容保有量。每个市、县（区）按照地方储备粮承储规模、最低收购价粮历史最高库存量、地方临时储备粮存储需要等，合理确定承担政策性粮食储备管理的国有粮食收储企业的仓容保有量、库点数及库点布局。要择优挑选仓房设施优良、交通运输便利、能推广绿色存储技术的国

有粮食收储企业承担政策性粮食收储业务。要优化收储库点布局，引导收储库点集并，结合老库"退城进郊"等项目，推进市县"中心库"建设，新建一批符合现代储粮、绿色储粮要求的高标准粮仓，逐步淘汰年久失修、保粮能力差的落后仓容。二是合理测算收储企业岗位和人员数量。采取固定用工与临时用工相结合方式，按照每万吨粮食收储须配备的岗位和人员标准，设置粮食保管、防化、质检和信息化等工作岗位，科学测算必要的岗位数和员工人数，企业实行定岗定人定责"三定"，采取合同聘用等方式，稳定基本的职工队伍，保证基本的专业技术人员数量充足。其他收粮高峰或出库繁忙期间，采取社会临时聘用或购买服务形式补充人员数量，解决劳动力不足等问题。三是合理测算必要的运行费用。合理确定企业员工工资总额和运行管理费用。在储备承储量低于额定的库存时，按当地指导工资补足收入，并纳入当地财政预算，建立长效保障机制。

（三）**优化制度机制，提升政策性粮食安全管理水平**。一是完善地方储备粮轮换机制。积极开展品种为优质稻的省级储备粮年度轮换模式试点，优化储备品种结构，创新轮换周期和轮换机制，改变"储新粮轮出老粮"的储备轮换模式，适应人民群众对绿色优质粮食供给的需求，从更高层次、更高质量保障粮食安全，满足粮食产业品牌建设需要，减轻地方储备粮轮换价差压力。建议试点成功后，在确保粮食安全，落实国家局"地方储备各月末实物库存不得低于总量计划的70%"要求的前提下，扩大省级储备粮年度轮换模式规模，进一步优化省级储备粮品种结构。二是建立地方储备粮轮换盈亏奖惩考核机制。建议对因地方储备粮保管质量好，轮换实现盈利的承储企业，按照盈利的一定比例，从轮换风险资金专户中给予企业奖励，用于企业提升储粮技术、改善仓储条件；对轮换亏损的企业，根据亏损原因，采取调整、取消承储计划、追究企业经济责任等方式予以惩罚。三是提高地方储备粮保管费用标准。按照仓容1万吨的库点测算，每吨储粮的年保管费用开支在120元左右，建议地方储备粮年保管费标准从100元/吨，提高到120元/吨以上。四是推动省级储备粮相对集中管理，采取调整优化储备布局、收（建）省直库点等方式，提高省级储备粮承储在省直库点的比重，进一步规范储备管理，引领带动全省地方储备粮管理水平提升。

（四）**强化教育培训，加强国有粮食收储企业干部队伍建设。**一是以企业经营管理人才为重点，通过综合素质能力培训，培养造就一批视野开阔、知识丰富、业务娴熟、能力突出的企业经营管理人才队伍。二是以提升职业素质和职业技能为核心，以技师和高级技师为重点，通过技能水平培训和技能竞赛，不断提升职工职业技能，形成一支门类齐全、技艺精湛的高技能人才队伍。三是以企业内生发展为动力，充分发挥江西工贸学院等涉粮院校和科研院所的作用，加强涉粮院校、科研院所与粮食企业的定向委培合作，为地方国有粮食收储企业精准培养粮油专业年轻从业人员。积极组织基层从业人员参加行业比赛或交流，促进相互比学赶超，营造学习技术、提高技术的良好氛围。

（五）**严格监督管理，确保政策性储备粮食的安全。**一是根据国家粮食储备体制机制改革精神，大力推进省级储备粮规范化、专业化、精细化、生态化"四化"管理工作，提升管理标准和管理条件，提高管理水平和管理效能，建设现代化生态库区，带动全省地方储备粮管理效能整体提升。二是建立联动监管机制，要发挥各部门优势，建立联动协调监督机制，及时解决监管过程中发现的问题，建立相关部门共同参与的协同联动执法机制，形成监管合力。三是健全监督长效机制，加强对政策性粮食承储企业的督导检查、定期普查和不定期巡查以及专项审计，采取"四不两直"方式随机对重点环节、重要风险点进行重点抽查，发现问题及时督促整改，对违纪违法行为严格问责、绝不姑息，建立健全惩治腐败的长效机制，营造风清气正的行业政治生态。四是强化监管技术支撑，加快推进信息技术在粮食监管方面的应用，尽快实现对政策性粮食穿透式监管全覆盖，最大限度减少粮食购销各环节的人为因素干扰，增强粮食购销监管的即时性、有效性、精准性。

（六）加大支持力度，营造企业良好发展环境。一是支持企业解决历史遗留包袱和人员分流安置问题，对地方国有粮食收储企业处置划拨土地，建议变更为商业用地，企业依法出售自有产权公房、建筑物收入和处置企业使用的划拨土地的收入，优先留给企业用于缴纳社保、医保等历史欠账费用和安置分流职工，余下部分用于企业提升粮食仓储物流设施条件。二是对企业粮食库点"退城（镇）进郊"建设项目，新库建设用地指标由县（市、区）政府统一安排，通过"增减挂"方式解决，规划、国土等部门在城镇建设规划、项目用地审批等方面要给予支持。三是给予粮食仓储物流设施建设项目必要的税费、用地等政策、资金支持。四是农发行等金融机构对国有粮食经营性企业开展市场化粮食收购、延伸产业链、发展产业化经营等要加大信贷支持力度，简化办贷手续，允许以地方政府信用担保方式，办理银行贷款，解决好粮食企业融资难、融资贵问题。

（来源：江西省粮食和物资储备局承担的 2022 年度国家粮食和物资储备局软科学课题《江西省地方国有粮食企业运营情况调查及对策研究》）。

课题负责人：路文革，课题组成员：林华、雷振宇、丁宏、文峰、詹超、冯俊錤、颜琴瑜，中国粮食研究培训中心崔菲菲、王娟、刘珊珊摘编，王世海审核）

第五篇

持续强化粮食购销领域监管

运用数字技术赋能
助力提升政策性粮食监管效能

2021 年，中央纪委、国家监委在全国范围内部署开展粮食购销领域腐败问题专项整治，各地区、各有关部门和单位及时跟进、全面启动，查处了一批"粮仓硕鼠"，通报了多起典型案件，暴露出政策性粮食监管制度在实践中的诸多矛盾与不足。加快构建政策性粮食监管数字化框架，建立与粮食安全"国之大者"地位相符的数字化监管系统，提高智能化程度和统筹层次，对于提升政策性粮食监管效能具有特别重要的现实意义。

一、政策性粮食监管效能不高的主要原因

（一）**储备粮的公共性与监管对象的私利性存在矛盾。**政策性粮食具有显著的社会属性和公共属性，粮权属于国务院或地方政府，不属于粮库或个人。特别在国际贸易环境不确定性增强的背景下，其公共产品属性的重要程度大大超过商品价值。但监管对象往往受利益驱使而更多追求个人私利，使政策性粮食的产权属性与监管对象的私利性之间出现背离，极易导致道德风险、利益寻租等行为发生。

（二）**监管空间的广域性和监管力量的集中性存在矛盾。**从监

119

管主体看，最有力的监管集中于省级层面，但由于省级监管半径过大，难以覆盖市、县级所有储备粮库，导致承储企业购销、储存过程中掺杂使假、以次充好、擅自动用等问题频发。同级监督多集中在省市级粮食主管部门及其储备企业，而分散在市、县等"神经末梢"的基层粮库，既是粮食储备监管的重点，也是监管难点，监管不到位现象较为突出。

（三）**监管对象的隐蔽性与监管行为的周期性存在矛盾**。政策性粮食储备业务包含收购、入库验收、储存、轮换销售、质量检验等诸多环节，各环节都可能滋生贪腐，同时因其具有较强的专业性和相对的封闭性，导致贪腐手段隐蔽性强且复杂多元，极易发生同谋和窝案。而对政策性粮食的监管特别是对基层粮库的现场监管具备周期性和阶段性，非连续性监管给基层粮库留下较大的作弊空间。

（四）**政策性粮食宏观调控的统一性与数据信息的割裂性存在矛盾**。目前中央储备粮信息化粮库覆盖率已达 100%，省级储备粮信息化粮库覆盖率超过 90%，为政策性粮食数据统筹奠定了较好基础，但仍面临以下问题：一是信息化粮库信息互联能力有待提高。虽然市、县两级储备粮信息化粮库改造正在积极推进，但由于信息化人员不足、数字化应用能力不强，传输到省级粮食流通管理平台的数据不完整，导致对基层粮库的在线监管未能完全覆盖。二是数字化设备的运营维护和更新迭代缺乏后续资金投入，对后期数据信息的接续联通产生影响。

二、数字技术赋能政策性粮食监管的作用机制

（一）**推动形成内嵌性的形塑机制**。随着政策性粮食管理制度

的不断健全完善，数字技术的运用，可将监管制度以代码方式内嵌于技术中，自动发挥强制性、实时性、无差别的规范作用，有效避免"人情粮""转圈粮"等执行偏差问题。如基于人工智能技术的政策性粮食监管系统和粮库数字孪生系统，可助力实现政策性粮食的全流程追溯。代码技术实时监管作用的充分发挥，可与法律法规、惯例等成文或不成文制度一起共同塑造互补性的制度结构。

（二）**推动形成内生性的前置执行机制**。数字技术内置的代码具有直接实施的效力，一旦被使用，系统会按照程序指令自动执行，不需要附加任何执行机制，对相关行为人能够实现全方位、无盲点的事前监管，具有事前性、自动性。其内含规则的执行具有实时性和前置性，能够有效规制合谋和窝案。此外，还具有高度数字化和规范化的特点，其规制能力比传统的法律制度条例更强。

（三）**推动形成内在性的驱动机制**。数字技术产生的数字红利能有效改进监管效能。一是基础性技术如大数据、人工智能等现代数字技术使信息完全和信息对称成为可能，提升了信息数据的透明度，大大降低了制度的执行成本和监管部门的信息收集成本，使全流程监管得以有效实施。如"智慧皖粮"实现了政策性粮食在线监管"全覆盖"，在多个环节杜绝了人为操作影响。二是数字技术的应用可以实现库存粮的智能化监管。由大数据和物联网等构建的粮食仓储远程智能化监测预警系统，能实行及时精准监测，保障储备粮的质量品质。三是数字技术可以通过电子监管方式，实现"全天候""无死角"全域监管和监管数据的全程闭环，有效提升执法效能及科学决策的精准性。四是数字技术可以通过区块链架构，达到政策性储备粮数据信息的过程性和不可篡改性，以及难以伪造且可追溯的高标准监管要求。

（四）**推动形成统一的组织协调机制。**传统监管模式下，有效监管会因为组织协调成本高企而难以实施。数字技术显示了强大的组织协调优势，它借助互联网、大数据实现信息的有效收集和实时传递，不仅能够显著降低各部门间的沟通和协调成本，而且能够通过网络空间集聚社会力量，使社会监管成为可能。

三、运用数字技术提升政策性粮食监管效能的对策建议

（一）**构建政策性粮食数字化监管系统。**首先，构建基于区块链的国家政策性粮食管理平台。该管理平台涵盖各方政策性储备粮信息，包括省级综合管理平台、粮食电子竞价交易平台、粮食生产者、粮食加工企业、各级粮库、应急管理部门、粮食物流、消费者等，可实现信息存储、结算和交易，底层端数据只有相关管理者和监管机构可以看到，能够实现精准监管。其次，构建二个子系统。一是建立政策性粮食管理子系统。包括中央储备粮数字化监管子系统和地方储备粮数字化监管子系统。二是建立粮食经营者管理子系统。这两个子系统均可实现基本数据信息的存储，同时将数字技术嵌入管理系统，许可监管有关政策性粮食交易信息，实现监管的实时性和自动性。第三，建立政策性粮食数据中心。在网络设施的基础上，通过强大的算力对国家政策性粮食平台汇总的数据信息进行计算，反馈最优储备规模、最优运输路径、最优监管方案等。

（二）**促进政策性粮食"三全监管"数字化。**所谓"三全监管"，即对政策性粮食实施全范围、全流程、全链条监管的数字化建设。首先，持续推进政策性储备粮库数字化工程，建成涵盖中央到省、

市、县的全范围数字化。提升基层粮库信息化水平，加大省、市、县两级粮库信息化投入力度，实行全国政策性粮食数字化全覆盖，消除粮食监管盲区。其次，落实储备粮全流程数字化监管。保证每笔储备粮从计划下达、入市收购、检斤称重、质量检验、仓储保管到拍卖出库的全程采用数字技术，保障数据公开透明、钩稽精准、账实相符，为粮食储备监管提供强有力数据支撑。第三，建成从田头到餐桌的全链条粮食质量安全数字化追溯体系。进一步强化对粮食生产、收储、加工、消费等流通环节的质量监管。

（三）**推动政策性粮食相关领域监管数字化**。一是加快建设政策性粮食流通身份甄别系统。建立储备粮识别的数学模型，使每一笔入库的粮食都有独特身份，优化粮食识别的人工智能算法，实现对粮食流向等数据进行穿透式追踪，自动甄别"转圈粮""空气粮"等违规现象，使暗箱操作等违法行为无处遁形，确保各级政策性储备粮食严格执行轮换计划。二是加快推进数字化在粮食应急保障中的监管应用。建设省级粮食应急指挥调度平台，横向联通地方应急管理系统，纵向连接基层粮食储备库点及储备地理信息系统，完善供应网点视频监控等功能，加强应急调运粮食的数字化监管，保证应急调用程序规范，账实相符。

（四）**建立政策性粮食协同执法长效机制**。基于专业监管机构、行业层面和基层行政管理部门建立多部门粮食督查数字平台，促进数字化协同执法。联通垂直管理局、省级粮食和物资储备行政管理部门执法督查处、地方监督管理科，以及粮食质量安全检验部门等，实现数据信息分析共享，堵住督查环节漏洞，消除事权交叉，确保高效执法。

（五）**健全政策性粮食数字化监管保障体系**。一是设立政策性粮食数字化建设基金、数字化人才引进基金，实行专款专用。二是加快培育涉粮数字化人才，造就一批既懂数字技术又懂粮食经济的复合型人才。三是建立涉粮数字化监管系统开发中心，引进数字技术团队，深入钻研基于大数据、区块链、人工智能和云计算的粮食安全监管应用系统，用高新技术弥补监管漏洞。

（来源：武汉轻工大学、湖北省粮油信息中心承担的 2022 年度国家粮食和物资储备局软科学课题《数字技术下我国政策性粮食储备监管效能提升研究》。课题负责人：陈会玲、高丹桂，课题组成员：谢支武、邹从早、陈亮、徐国银、陈俊良、李春贵、赵国平、黄艳，中国粮食研究培训中心高丹桂、刘珊珊摘编，王世海审核）

强化在地协同监管 有效提升监管效能

2018 年党和国家机构改革以来，粮储系统不断建立健全监管责任机制，扎实履行辖区内中央储备粮监管职责，坚持中央储备粮强监管态势，努力发挥好中央储备粮的"压舱石"和"稳定器"作用。但对标对表党中央、国务院要求，在地中央储备粮监管工作还存在一些问题短板和薄弱环节，迫切需要不断推进"四化"建设，提升监管效能。

一、在地中央储备粮监管工作成效

（一）**粮食监管顶层设计不断加强**。机构改革以来，粮食储备体制改革持续推进，赋予国家粮食和物资储备局垂管局中央储备监管职能，形成了与中央储备垂直管理相适应的监管体系，中央事权粮食特别是中央储备粮行政监管能力得到显著提升。2019 年，中办、国办印发《关于改革完善体制机制加强粮食储备安全管理的若干意见》，对粮食储备安全管理和制度创新系统集成、整体发力等作出更加有力的顶层设计。2020 年，国家粮食和物资储备局专门下发《关于进一步加强粮食储备协同监管的通知》，对加强央地储备粮协同监管提出明确要求。

（二）**在地粮食监管制度逐步完善**。如山西局制定了《山西局中央储备粮日常监管工作规程》《山西局中央储备粮定期巡查工作办法》《山西局中央储备粮棉糖重大违法失信案件信息公布办法（试行）》《山西局执法检查工作管理办法》《山西局中央储备粮库存动态监管系统管理应用办法（试行）》等 10 余项制度，编制《山西局行政执法流程和执法文书范本（试行）》，夯实依法监管基础。

（三）**监管成效日益显现**。黑龙江局连续四年组织实施中储粮年度考核，考核发现问题 499 项，其中：2018 年度 205 项，2019 年度 113 项，2020 年度 104 项，2021 年度 77 项，发现问题呈逐年递减趋势，中央储备粮管理日益强化，中央事权粮政策执行逐渐规范，体现了年度考核成效。山西局强化业务部门事前事中监管和执法督查部门事后监督检查力度，机构改革以来，通过开展执法督查，共发现中储粮承储企业 300 余项问题，截至 2022 年 7 月底，已督促中储粮山西分公司整改完成 293 项，整改完成率 97.6%。吉林局与吉林省纪委监委建立协作配合机制，在"以陈顶新"问题线索核查工作中强化线索移交和工作配合，有力增强了案件查处的震慑效应。

二、在地中央储备粮监管存在的主要问题

（一）**贯彻执行中央储备粮管理制度政策存在差距**。一是中央储备粮承储企业制度执行不到位。在落实新出台的《政府储备粮仓储管理办法》《政府储备粮质量管理办法》等方面，存在一定差距，如有的仓房超期储存粮食出库检验不规范，在出库前未由专业粮食检验机构出具检验报告，或检验机构出具的检验报告超过规定有效期等。二是在地监管部门依法监管能力有待提高。监管人员对新出

台法规的学习、宣传、执行存在不足，对粮食管理实务和监管工作制度政策掌握还不扎实。辖区内粮食监管制度建设需进一步加强，根据国家有关粮食监管法规制度和国家粮食和物资储备局新出台的行政规范文件及时完善相关制度做得不够，落实"谁执法谁普法"的要求还不到位。

（二）完善协同监管机制、有效发挥监管效能存在差距。一是监管协同共建互促机制需加强。各监管部门职责边界还需进一步明确，监督检查中个别环节存在盲点、漏洞，以及重复交叉检查情况。开展联合监管的机制需完善，监管力量协同不够有力，专业人才共享共用机制不完善，联合开展监管人员学习交流、业务培训、课题调研等方面还缺乏机制性、制度性保障，形成监管合力还有提升空间。二是监管信息互通共用机制需完善。各监管主体对承储企业基本情况信息、检查发现问题信息、信用评价信息、案件处罚信息等方面互通共用力度不够，涉粮案件核查的协同配合力度不强，对违法违规线索全链条延伸核查力度不够，各监管部门联合办案执法机制还需完善。

（三）运用信息化手段增强监管穿透力存在差距。一是监管信息化手段运用不充分。运用远程信息化手段开展监管的主动性不强，传统"人防"很难进行有效监管，造成单一监管手段与多元市场主体及多流程业务开展之间矛盾突出，导致对部分承储企业和部分业务监管不到位。粮食企业信用监管体系还需完善，信用信息需进一步健全，对不同信用级别的粮食经营者实时分类监管的数据支撑尚未建立。二是中央储备粮库存动态监管系统应用能力不强。中央储备粮库存动态监管系统上线运行以来，有效发挥了信息化监管作用，但目前对中央储备粮库存动态监管系统的数据信息研判不够，对系统提示的粮食出入库、购销、库存粮食品质数据实时分析能力不强。重要问题数据纠正不及时，对系统推送的辖区各类业务数据的缺失、错误、异常等，不能第一时间督促中储粮承储企业进行修正，业务数据完整性和有效性不强。

（四）监管队伍素质能力存在差距。一是政治能力和业务能力有待提高。个别粮食监管人员将粮食监管看作是单纯业务工作，从战略考量和政治高度去认识思考、理解执行粮食监管工作还不到位。一些粮食监管人员法治思维尚有欠缺，依法行政能力不强，对相关法律法规掌握不够。二是监管队伍力量还需加强。通过三年多的实践，粮储系统监管队伍能力素质有了较大提升，但实战化培训锻炼不够，整体力量还显薄弱，尤其缺乏粮食、执法专业人才。由于监管人员办案实践经验缺乏，存在办案能力不足情况，一定程度上影响了案件查办成效。

三、提升在地中央储备粮监管效能对策建议

（一）强化系统思维，推进粮食监管一体化建设。一要推动央地各职能部门监管职责一体化贯通。健全在地监管部门常态化工作协调机制，加强监管信息协同、定期会商协同、案件核查协同。细化职责边界，形成权责清单，形成既分工明确又一体联动的监管格局。定期开展粮食监管人员一体化培训，采取组织联合检查组、专项行动等方式，在各自职责范围内开展对承储企业的监管工作，做到"进一次门、查多项事"。二要推动各职能部门工作制度和配套办法一体化贯通。持续深入学习贯彻《粮食流通管理条例》，根据新出台的粮食监管制度规定，不断建立和完善辖区监管制度体系，

推动各职能部门工作制度和配套办法一体化贯通，进一步提升依法依规监管能力水平。三要推动辖区中央储备粮监管责任与承储企业主体责任一体化贯通。建立定期通报制度，定期向中储粮地方分公司通报检查发现问题，提出整改要求，压紧压实承储企业主体责任。同时，主动听取中储粮承储企业的意见建议，促进依法、廉洁、高效监管。

（二）强化法治思维，推进粮食监管法治化建设。一要树牢依法管粮意识。深入学习贯彻领会习近平法治思想，不断增强法治意识和依法管粮能力。牢固树立依法行政理念，按照权力法定和程序法定的原则，正确行使手中的行政权力，防止粮食监管出现"不作为""慢作为"或"乱作为"的问题。二要健全法规制度体系。要在深入贯彻落实《粮食流通管理条例》《中央储备粮管理条例》以及《粮油仓储管理办法》《政府储备粮食质量安全管理办法》《政府储备粮食仓储管理办法》等法律制度的基础上，围绕粮食监管重点环节和风险隐患，不断修订完善配套制度。三要加强法治宣传教育。严格落实"谁执法谁普法"工作要求，加强涉粮法律法规学习宣传，区分不同对象，分类开展法治宣传教育，着力提高行政监管人员依法行政意识、承储企业依法管粮意识、粮食经营者依法维权意识。充分利用"10·16世界粮食日""12·4宪法宣传日"等重要时点，以及夏秋两季粮食收购和现场检查等时机，广泛开展粮食法治宣传，扩大涉粮法律法规政策的宣传覆盖面。

（三）强化创新思维，推进粮食监管信息化建设。一要探索建立粮食流通可追溯监管体系，实现对粮食流通全过程监管。运用区块链、物联网等新技术，实现对粮食收购、储存、销售、检验等各环节相互验证、校验核对，实现对粮食管理全流程可追溯监管。加大中储粮业务信息化系统运用力度，将采购入库、质量检测、日常保管、销售出库等各环节业务通过信息系统进行管理，减少人为干扰因素，为监管粮食管理提供全过程记录。二要用好中央储备粮库存动态监管系统，加强对粮食储存监管。落实动态监管系统管理员和监控员日常管理职责，定期登录系统进行数据分析，加大对动态监管系统提供的预警事件、问题线索、信息提示等信息分类整理研判力度，不放过疑点、不遗漏线索，形成核查清单，作为实地考核重要内容，推动提高动态监管系统现场检查质效。三要建立完善粮食企业信用信息监管体系，加强对全社会粮食经营者监管。完善承储企业经营信息、经营风险、法律风险、奖惩信息等基本信息，确保数据完整准确。建立企业信用评价机制，完善信用评价指标，定期开展信用评价。探索建立承诺制度，企业承储政策性粮食前应向粮食监管部门做出书面承诺，将"承诺制"与企业信用等级评价紧密结合，加大失信联合惩戒力度。

（四）**强化人才思维，推进粮食监管专业化队伍建设**。一要着力增强监管政治能力。严把监管人员入口关，将政治素养强、工作原则强的人员纳入监管队伍，将政治素养纳入日常考核重要内容。建立常态化学习制度，将学习习近平总书记关于粮食安全重要论述作为学习培训第一议题，始终牢记粮食监管工作是政治责任，从讲政治高度认识理解、推动实施粮食监管工作。二要有效增强监管业务能力。建立垂管局与中储粮分公司有关干部双向交流挂职机制，通过交流挂职，使监管人员系统掌握储备粮全流程管理实务，使企业人员深入学习贯彻粮食监管法规制度。通过举办讲座、课题研究等方式，加强对《粮食流通管理条例》《中央储备粮管理条例》《粮油仓储管理办法》《行政处罚法》等涉粮法律法规学习，不断提升监管能力。三要统筹增强监管队伍实力。针对垂管局粮食监管人员不足现状，统筹垂管局所属事业单位编制，探索建立适当规模的监管辅助队伍，充实和优化监管人才库，将本部门和其他部门有关粮食、财务、质检、安全、执法等人员纳入其中，实现各监管部门检查专家共享共用。统筹组织辖区内监管人员能力素质提升活动，联合开展学习交流、业务培训、课题调研、案件查办，培育一支政治强、业务精、作风好、能斗争的专业监管队伍。

（来源：国家粮食和物资储备局山西局、吉林局、黑龙江局、安徽局、江西局分别承担的2022年度国家粮食和物资储备局软科学课题《推进"四化"建设提升监管效能——在晋中央储备粮监管机制研究》《关于改革垂直管理系统纪检监察体制深化粮食购销领域腐败问题专项整治的对策研究》《坚持问题导向强化结果运用持续发挥中储粮年度考核"指挥棒"作用研究》《中央储备粮在地监管路径研究》《压实责任创新管理保障江西辖区内中央事权粮食安全综合举措研究》。课题负责人：段鹏，课题组成员：赵霆、王艳霞、刘永权、高远杰、高彩飞；课题负责人：孟令兴，课题组成员：李景宏、肇恒超、王涛、李大勇、赵长新、刘冶、王佳兴、段秀秀；课题负责人：潘升，课题组成员：谢永升、何双成、乔升起、于明月、杨雁青、徐洋；课题负责人：王涛，课题组成员：肖亚军、胡传高、李根、徐新、谢万忠、陈嘉豪、严敏；课题负责人：欧阳建勋，课题组成员：刘敏毅、杨丽业、尚东红、罗擎杰、黄江龙、周磊，中国粮食研究培训中心刘珊珊、王娟、张慧杰摘编，王世海审核）

科技支撑 数字赋能
助力粮食购销领域穿透式监管

推进粮食流通管理数字化转型是保障粮食安全的重要手段。2022 年 4 月，国家发展改革委、国家粮食和物资储备局等部门联合发文，明确要加快构建粮食购销领域全面互联互通、数据实时汇集、全程即时在线、穿透式监管的信息化动态管控体系，全面提高监管效能。上海市和安徽省粮食和物资储备局认真落实相关工作部署，围绕促进信息技术与储备粮业务深度融合开展深入研究，以科技助力和数字赋能，做到来源可追溯、在库可监管、去向可追踪、信息可查询，推动粮食流通管理由单纯数量向数量质量并重，被动粗放式管理向主动化精细化管控转变，实现储备粮食业务全天候、全流程、全覆盖的穿透式监管。

一、粮食购销领域信息化建设情况

上海市以国家实施"粮安工程"为契机，启动了储备粮库智能化升级改造项目建设工程。主要建设完成了 1 个示范库，5 个标准库和 14 个异地监管库，基本实现了市级储备粮信息化全覆盖。以打造"大系统、大平台"为目标，建成了上海市粮食电子政务网络省级平台，主要功能包括可视化平台、涉粮企业信息管理、储备规模管理、储备粮计划管理、储备粮库存监管、粮食出入库业务监管、粮情监测、粮食价格监测、粮油加工管理、应急保障、监督执法、质量管理等模块，实现对库点粮食质量、粮食数量、粮库安防、粮库作业等多项业务协同，极大提升综合管理能力和业务协同能力，为储备粮食精细化管理和穿透式监管打下了重要基础。

安徽省针对粮食购销领域执法监管力量薄弱与承储企业点多面广，库存高位运行导致监管难的矛盾，开展以"监管、监控、监督"三位一体的"智慧皖粮"信息化建设，结合购销监管试点库建设要求，已完成升级储备粮承储库点软件的升级，并向市县储备拓展，基本形成符合安徽省情的信息化监督管理体系。在建设分布式云平台和数字粮库统一化服务平台的同时，同步建设了面向五类人群的"智慧皖粮"移动云平台 APP，已全面实现基层收纳库点信息化系统全覆盖，进一步提升了购销监管工作效率。

二、存在问题

（一）**省级平台数据链待健全、应用待拓展。**目前省级平台数据资源中心的数据类型、数据量等仍然不够详实和丰富，覆盖粮食购销领域完整的数据链还没有真正形成。在数据质量、应用场景设计、信息可视化展现方面还有较多不足，未充分释放数据在粮食业务流程再造、精细化管理和科学决策中的要素作用，需要进一步拓展数据采集渠道、优化完善软件功能、强化培训使用，加快补全数据缺口，为全面实现粮食流通管理各项业务线上闭环运行提供支撑，为开展更广泛、更深层次的数据分析、数据挖掘和科学决策打牢扎实的基础。

（二）**监管穿透力和风险智慧识别能力待提高。**虽然针对现有的粮情、出入库、数量、质量、视频等数据，实现了风险问题的初步预警，对储备粮的安全监管起到了一定辅助作用，但目前应用情况还集中在比较浅显的层次，更多监督检查工作仍需要进行人工和现场查验，这种周期性的检查、抽查既耗时费力，也无法深入到业务过程中对风险进行持续性、多维度、系统化的分析管控，难以预防预测风险变化。在储备粮购销过程中潜含的压级压价、抬级抬价、以陈顶新、转圈粮、虚购增库、虚假轮换、擅自动粮、质量异变等违规违法、责任落实不到位、威胁储备粮安全的行为难以尽早发现、快速处置。落实粮食安全责任迫切需要从多方面入手，采用更加智慧、强力的动态监管技术手段。

（三）**粮食购销领域数字化专业人才待充实。**粮食行业本身属于传统行业，目前粮库工作人员整体年龄结构偏向老龄化，且不少人员长期习惯于依靠现场手动操作、人工记录数据的方式进行管理，信息化意识较为淡薄，随着粮库数字化转型推进，大量新技术、新设备的应用，对粮库管理和操作人员提出了更高要求。由于系统使用人员对计算机和业务软件操作熟练度不高，录入数据时容易产生错报漏和不及时的情况，造成统计汇总数据不准确。需加大与现代粮库数字化业务相适应的专业人才引进力度，同时对现有工作人员加强业务培训，促进改变传统管理理念，提升信息技术应用技能。

三、对策建议

（一）**持续完善粮食流通信息化监管体系建设。**坚持"业务同步、同数同源、互通共享"原则，规范数据采集、清洗处理、存储调用、传输共享等全生命周期管理。加强投诉举报和涉粮案件处置流程化、标准化管理，开展全域涉粮企业诚信评价网上自主申报、在线审核与综合评定，推进粮食安全责任制考核、粮食库存数量质量清查，以及粮食流通业务数据的规范化、可视化，提高数据完整性、准确性。按照国家粮食购销领域信息化监管顶层设计思路，持续开展"整合资源、打通数据、贯通应用"工作。在纵向上实现省、市、县三级"监管联动"，与国家粮食综合信息管理平台完成对接。在横向上推进粮食行业监管信息与省级政府电子政务外网、企业信息公示系统互联互通，构建常态化监管关联数据共建共享机制，形成多部门监管合力。对库点业务、企业经营、行政管理等数据进行全面梳理，逐步实现政策性粮食流通监管全过程、全覆盖、全留痕。

（二）**进一步提升省级云平台购销监管能力。**强化基于 GIS 平台的储备地理信息应用，对各类基础信息和储备信息、粮情、视频、出入库等数据进行整合，提高智能化监管效率；进一步完善省级粮情中心，实现全省粮情信息的接入、存储以及自动巡查、分析、预警；探索建设省级视频应用中心，通过建立视频 AI 分析算法库，对仓内监控进行智能识别，逐步开展仓内粮情分析、粮面异动质量异变等智能化研判；完善地方储备粮监管，依托购销相关的计划、合同、出入库、仓储保管、交易、财务、税收等相关数据，开展购销行为的违规违法预警；协助开展最低收购价粮监管，包括最低收购价粮食的监督检查、交易检查、政策执行分析预警等，联动中储粮、农发行等监管单位，开发移动端常态化巡查巡检工具对最低收购价粮的数量、质量、储存状态、销售出库等流程进行跟踪监管；通过接入竞价交易结果和执行数据，建立交易规则分析模型，识别异常交易行为等。

（三）不断强化对基层库点的信息化监管能力。 持续完善粮库信息化管理功能，将更加完备的企业数据、诚信信息等纳入管理范围，增强终端数据采集的完整性；加强内控风险管理，为储粮企业和上级监管部门对政策性粮食的在库保管、购销管理提供风险评估和分析预警，确保粮食购销、在库管理、仓储作业等环节的连续实时和真实可靠；突破数据障碍，联动财税系统，实现业务流、资金流、税务流融会贯通，形成粮食流通全过程的业务链、资金链、数据链和证据链。

（来源：上海市粮食和物资储备局、安徽省粮食和物资储备局分别承担的 2022 年度国家粮食和物资储备局软科学课题《科技助力数字赋能实现政策性粮食精细化管理和穿透式监管研究》《信息化赋能粮食购销领域穿透式监管的探索与研究》。课题负责人：殷欧，课题组成员：殷飞、丁绍文、费双波、王涛、周军平、张玉伟、石晓斐；课题负责人：侯锋平，课题组成员：曹越方、黄刚、汪阳、张勇、王春迎、夏仕重、周启富、赵静、史新贵，中国粮食研究培训中心刘珊珊、王娟、张慧杰摘编，王世海审核）

创新方法 强化手段
着力提升储备粮质量监管效能

储备粮是守底线、稳预期、保安全的"压舱石",采取更科学的手段防范粮食购销领域存在的储备粮质量安全问题,是确保我国粮食安全的重要基础。应从"种、产、购、储、销"全链协同发展出发,综合把握"大食物观"和"粮食安全"战略,立足"全链条"防控、"数字化"赋能、"高效化"服务,重构储备粮质量监管理念,通过方法和手段创新,促进"传统监管"向"智慧监管"转变,多措并举提升储备粮质量安全监管效能。

一、影响储备粮质量安全的主要问题

按照环节不同,涉及储备粮质量方面问题分为五类。一是收储粮食等级不符,涉嫌压级压价、抬级抬价或水杂扣量不规范问题,损害国家、农民利益的"坑农粮";二是入库环节把关不严、监测指标不全,造成粮食部分食品安全指标不符合食品安全国家标准,损害国家利益的"超标粮";三是企业为逐利,故意采用"新陈混合"等掺杂使假、以次充好方式冒充新粮入库赚取差价、骗取补贴,造成储存粮食质量安全隐患、国家利益损失和恶劣社会影响的"转圈粮""价差粮";四是"钻营"政策漏洞,采取"埋样"等违法违规行为躲避检查的"违规粮"；五是正常储存过程中粮食出现生虫、发热、变质、霉变等的"问题粮"。

二、导致储备粮质量安全问题的主要原因

（一）**政策制度需进一步落实**。一是由于粮食部门人员锐减、企业效益不好、人员待遇不高、干事活力不足，加上一些消极思想影响，导致制度执行有偏差，对政策抓落实造成阻碍。二是承储企业作为储备粮质量安全第一责任主体，在质控上或多或少存在运行保障不足、技术人员能力不够、质量管理效率不高、政策更新不及时、理解不到位等问题。三是实际操作中存在现场收购等不起、质控成本给不起等实际问题，部分企业因逐利本性铤而走险，减少或取消部分成本高、效率低的控制指标，埋下质量安全隐患。

（二）**方法执行需进一步完善**。质量抽检方法存在采样点位相对固定特性，加上基层人员在执行上不灵活，导致一些不法分子"钻营"对策，采取埋样等欺诈方式通过检查，为储备粮的质量安全埋下隐患。虽在 2019 年全国库存粮食大清查过程中引入"扦样点平移"规则，一定程度上遏制了这些违法违规行为，但因缺少推广应用的法律依据，限制了此种创新方法的威慑力。

（三）**协同监管需进一步加强**。全国采用信息化手段提升管理效能的质检机构占比不足 30%，且当前部门职责分工将粮食全产业链的质量安全分属不同部门，虽建有协调机制，但在"九龙治水"情况下，数据和信息未能共享和有效利用，监测数据"孤岛效应"严重，在充分运用互联网、大数据、云计算等技术手段，积极挖掘应用监测数据潜在价值，创新监测机制和模式，高效服务于储备粮

质量监管和储存安全等方面还存在差距。

三、提升储备粮质量监管效能的对策建议

（一）**强化严格精准管控**。一是精准识别风险。坚持从源头上防范、化解风险，采用不同识别方法，分环节、分重点地准确识别食品安全（重金属、真菌毒素以及储存期间的储粮药剂残留等）、储存安全（脂肪酸值及水分等）、质价公平（定级定价和增扣量规范）三类风险。二是分类把控风险。在收购阶段，以"数字化"方式建立以品种为类别、指标为单位的产地粮食质量风险防控图，共享给产业链上相关方，便于其实施风险等级防控，加强入库监测针对性；在储存阶段，紧盯敏感和储藏药剂残留指标，以数据库方式构建数据预测模型，实现预警。三是严格精准管控。收购现场要落实"检得准、检得快且经得起核查"要求，公开透明收购政策、保证设备量值溯源、加强人员技能提升、规范质量档案管理、严格执行质价政策，既要把好入库质量关，更要维护好售粮者利益。

（二）**强化常规检验与快检初筛融合**。将快检技术和"数字化"管理技术在粮食质检领域融合，通过实施"溯源系统＋快检仪"融合，推动储备粮质量监测能力跃升。将风险指标的"快检初筛"与质量指标的"常规检验"以数字对象为纽带，构成储备粮质量安全的完整防线，二者既相互制约又相互协同，在一定程度上构建"快检初筛"兜底、"常规检验"执行质价政策的储备粮质量监测监管新模式，为提升储备粮质量安全监管效能夯实基础。

（三）**强化多维度全方位监管**。充分利用近红外无损检测技术等数字化创新手段，提升脂肪酸值、水分等风险指标监测效率，构

建以货位为单位的库存粮食质量安全立体化监测监管平台，综合利用大数据工具建立的扦样点单点评价与整仓综合评价协同的评价方法，创新"点、面、体"多维度、全方位的储备粮质量监管模式，有效避免质量检查的"拉平效应"，及时发现"埋样"或"新旧混存"等违法违规行为，推动储备粮潜在质量隐患科学预警，有效提升监管效能。

（来源：四川省粮食质量监测中心特约调研员团队、国家粮食和物资储备局陕西局分别承担的 2022 年度国家粮食和物资储备局软科学课题《创新方法强化手段着力提升储备粮质量监管效能研究》《中央储备粮质量安全监管模式的实践与思考研究》。课题负责人：杨军，课题组成员：李建强、刘向昭、于加乾、杨微、李昕阳、唐懿、李贵友；课题负责人：邹皓，课题组成员：闫国强、常小刚、江昊、韩娟、高璐斐、王甲龙，中国粮食研究培训中心崔菲菲、刘珊珊、王娟摘编，王世海审核）

改革完善粮食监管体制机制
提升粮食购销领域穿透式监管效能

粮食储备安全管理事关国计民生。当前，全国各地各有关部门正在深入贯彻落实习近平总书记重要指示批示精神，扎实开展粮食购销领域腐败问题专项整治。针对粮食购销活动和政策性粮食监管存在的难点问题，经深入开展调查研究，就进一步深化粮食监管体制机制改革，全面推进粮食购销领域穿透式监管，加快提升政府监管效能，提出相关政策建议。

一、粮食购销领域监管面临的主要问题

（一）"三个没有归口统一"。一是省市县三级粮食和储备主管部门没有归口统一。以某省为例，2019 年机构改革时，全省 14 个市州粮食和储备主管部门分布在发改、商务、粮食等单位，其中并入发改加挂牌子的有 9 个市，与商务合并的有 4 个市（2022 年已并入发改）。已并入发改的 13 个市级粮食和物资储备部门，安排管理粮食和物资储备工作的人员少的只有 2—3 人。全省 108 个承担粮食和储备行政管理职能的县(市、区)其机构全部撤并到发改、商务、工信或其他部门，普遍仅安排 1—2 人管理粮食和储备工作，个别县设立了不具备行政管理职能的粮食和储备事务中心，根据政

府委托代行管理职能。省市县三级粮食和储备行政主管机构归口不一致，不同程度存在权责不清、流程不明、衔接不顺，政策执行不畅、多头管粮管储的现象，且基层工作力量严重不足，责任和压力难以有效传导到基层，大大降低粮食和储备行政监管效能。二是粮食行政执法机构没有归口统一。省市县三级综合行政执法改革进度不一、模式不一，造成粮食执法归口不统一，以致政令不通，甚至有禁不止。如某省级层面，粮食执法权归属省粮食和物资储备局（仅设立执法督查处，5—6人）；市级层面，粮食行政执法权保留在粮食和储备部门的有9个市州，移交到市场监管部门的有4个市、移交农业部门的有1个市；县级层面，执法权保留在粮食和储备部门的66个，执法权移交市场监管部门的42个。市县综合行政执法改革后，全省粮食和储备部门只保留13支粮食行政执法队，其中省级无执法队，市级执法支队4支、县级执法大队9支，除某市执法支队划归农业农村部门外，其余大部分市县执法队隶属市场监管部门，处于都可管都不管的"骑墙状态"。粮食执法力量越往基层人越少，县市区执法队仅1—2名兼职干部，执法检查规范化程度不够、执法队伍专业化能力不足、装备现代化水平不高，一些地方与市场监管、农业等部门的执法事项也未厘清。三是对从事政策性粮食业务的企业监管没有归口统一。由于粮食和储备部门与从事政策性粮食的企业大多无直接隶属关系，一定程度影响监管效能。粮食流通体制改革后，特别是政企分开以来，各级粮食企业基本划转归口国资部门管理，虽一定程度激发了企业发展内生动力，但从事政策性粮食业务的企业作为粮食收储政策执行主体，监管上不归口统一，粮食和储备部门大多不再直接管理粮食企业，日常管理缺乏有效手段，易导致行业监管执行缺位。

（二）**"三个不对等"**。一是部门手段与责任压力不对等。粮食购销活动涉及粮食和储备、发展改革、财政、市场监管等部门和中储粮、农发行等单位。上述单位中，由于省级粮食和储备部门属于部门管理机构（即委管局），导致在监管共治、信息共享、资源共用等方面应有作用难以发挥，构建多方全面监管协同机制不易实现。地方粮食和储备部门责任大但抓落实的手段少，主管部门监管触角难以有效延伸至基层。二是粮食储备事业改革任务艰巨与人才队伍建设不对等。夯实粮安根基、增加粮储规模、加强粮业监管，使得粮食储备事业改革的任务空前艰巨，而粮食行业人才断层现象明显，人员力量与肩负的职责使命存在较大落差。国有粮食企业普遍存在人才结构不合理、职工文化程度低、技能人才不足、工作力量弱、年龄结构偏大等现象。三是部门职能与法制保障不对等。目前，国家层面，仅有《粮食流通管理条例》和《中央储备粮管理条例》这两部国务院行政法规，缺少以法律形式对粮食安全保障作出明确规定，法律层级较低、效力偏弱。其他涉及粮食安全的规定散见于《中华人民共和国农业法》《中华人民共和国国家安全法》等法律法规中，缺乏一套保障粮食安全工作的整体法律规范，粮食购销领域执法监管权威性、可操作性不强。地方层面，各省针对粮食购销领域出台相应规章制度，但在监管方面权责不够明晰，指导性、实操性不够强。粮食收储企业尚未纳入社会信用体系，其守法诚信情况难以完全掌握，且省际之间周边地区粮食购销制度差异较大，进一步加大监管工作难度。

（三）**监管方法手段单一**。当前，各地粮食购销领域监管主要采取现场询问、测量、扦样检测、查阅相关台账与报表等传统方式，依托信息化手段开展智能化远程监管和动态适时监管程度较低。粮食和储备部门对民营企业特别是粮食经纪人缺乏管理手段，无法承担对社会粮食收购、储存的监管责任。

二、全面推进粮食购销领域穿透式监管的对策建议

（一）**进一步加快推进粮食购销体制机制改革。**一是健全执法督查机制。在构建稳定高效粮食和储备行政管理体系的基础上，建议将粮食行政检查处罚权统一划归粮食和储备部门，优化配置行政执法力量，健全省市县逐级指导、以市为主的粮食执法督查机制。省级层面，适当增加省粮食和储备局执法督查人员编制，市级层面设立粮食执法队并配备专职执法人员不少于6人，县级层面粮食和储备部门实行"局队合一"并配备专职执法人员不少于3人。二是深化粮食储备管理体制改革。按照计划管理与承储运营、政策性业务与经营性业务、省级储备与市县储备"三分离"的方式，组建省级储备粮管理运营主体，对省级储备粮实行统一管理、集中承储。同时，市县两级探索建立储备粮统一承储机制，逐步推动地方储备粮实现统一集中承储。三是完善财政保障机制。针对地方储备粮轮换亏损问题，根据政府储备粮的公益性、非盈利属性，建立规范有序的轮换制度，如出现价差亏损应给予补偿。同时，建立储备粮补贴费用定期拨付制度，及时将补贴费用拨付至承储企业。

（二）**进一步规范政策性粮食购销环节业务管理。**一是严格收购入库。完善收购管理流程，严格落实先检后收制度，对收储的粮食实行产地和质量溯源管理，严格开展入库验收。二是严格仓储保管。统筹考虑各地资源禀赋、区位优势和交通等情况，按产区、产销平衡区、销区优化粮食储备功能和规模。大力实施绿色仓储提升

行动，加快建设绿色仓储。三是严格销售出库。规范正常储存期限内粮食的销售出库监管，坚持对辖区超期储存粮食竞价销售、定向销售和正常储存年限粮食竞价销售等不同类型实施分类监管，加强属地监管。

（三）进一步创新完善粮食购销监管方式。一是明确专责部门。明确各级粮食和储备部门为粮食购销领域监管专责部门，厘清职能职责，稳定机构设置，做到上下对口，合理设定编制人员数量，化分段监管、多头监管为统一监管，确保各级粮储部门依法行使监管职责。二是提升专业化智能化监管水平。统筹建立监管信息化平台，提高粮库装备设施科技和智能化水平，强化一体化平台支撑和数据互联互通，聚焦建立粮食购销数字化监管系统，加强各类政策性粮食监管数据统一汇聚和数据协同治理，推动实现各类监管"一张图"、"一张表"。利用库存大数据和半年报、年报等，采取常态化抽查、飞行检查、突击检查、交叉检查等随机检查方式，会同相关部门组成若干检查组不定期巡查，及时发现问题。适时改进现有粮食统计、检查的方式和模式，加快推进粮食购销监管自动化、智能化，实现粮食收购入库、储存、销售、出库的全链条实时在线监管。三是强化社会监督。建立粮食信息公开制度，运用互联网、微信公众号平台，公开监管信息，曝光粮食购销储领域违法违规的典型案例，做好网络舆情的监测、收集、研判和处置，畅通举报、投诉渠道，完善社会监督和舆论监督机制。管好用好12325热线，及时解决群众关心、社会关注的涉粮问题，构建社会参与的外部监督机制。

（来源：湖南省粮食和物资储备局，湖南省粮食经济科技学会、湖南省粮油产品质量监测中心，中国粮食行业协会分别承担的2022年度国家粮食和物资储备局软科学课题《深化粮食监管体制机制改革全面推进粮食购销领域穿透式监管研究》《政策性粮食购销及其监管存在的问题与对策——基于粮食购销领域腐败专项整治之相关案例研究》《新形势下做好粮食行业职业技能人才队伍建设服务的对策研究》。课题负责人：陈冬贵，课题组成员：周辉、刘初荣、覃世民、周聪颖、任乐农、宋健华；课题负责人：石少龙，课题组成员：苏振华、朱曙光；课题负责人：任智，课题组成员：杨赛、朱震、曹慧英，中国粮食研究培训中心胡耀芳、刘珊珊摘编，王世海审核）

提升粮食购销领域
政府监管效能的路径研究

粮食购销领域政府监管是维护粮食市场健康平稳运行的关键举措，是守住管好"天下粮仓"的重要手段。习近平总书记多次作出指示批示，强调要依法从严惩治系统性腐败，改革监管体制，强化长效机制。粮食和物资储备系统认真落实相关工作部署，积极探索提升政府监管路径举措，对于提升粮食购销领域政府监管效能，进一步强化为国管粮的政治责任具有重要现实意义。

一、政府监管存在的突出问题

（一）**监管力量不足**。一是统筹力度不够。以陕西省为例，粮食购销领域监管机构主要由"1+N"结构组成，"1"代表粮食和储备部门，"N"代表发展改革、财政、审计、国资、市场监管部门等单位。机构改革过程中，市县级粮食和储备部门并入发展改革部门，两个机构一套人马。粮食收购、储备、加工、运输、销售、国有资产等监管，分属不同单位，但没有设立统一权威指挥机构，难以形成合力。二是监管主力削弱。陕西省直管12个市（区）发展改革部门仅编制分管粮食副职1名和专司粮食职能科（处）室13个，103个县区发展改革部门专司粮食职责行政人员仅有13名。

三是监管人事比率偏低。陕西省各类国有粮食企业 223 户，各类民营企业和粮食经纪人近千户，现有工作人员难以有效履行监管职责。

（二）**监管方式滞后**。一是信息化穿透式监管亟待完善。如陕西省级层面储备企业与省粮食和储备部门实现联通，但储备企业信息标准化采集不足、网上监管与协同监管融合不够，市县层面仍处于未全覆盖阶段。粮储广东局在进口储备大豆入库质量监测方面面临较大难度。二是常规监管不足。浙江省外代储的粮食由于代储点距离远，难以及时进行经常性监督检查，无法及时掌握代储粮食情况。还有个别地方依然搞运动式、突击式检查，监管检查形式化严重。三是选择性监管依然存在。基础条件好的、发展规范的、交通方便抵达的粮食企业普遍是重点检查对象。

（三）**监管理念有偏差**。一是重检查轻治理。普遍重视发现问题，轻视通过治理手段触发粮食企业合规建设内生动力，企业做强做优做大困难，甚至部分国有粮食企业因内控能力弱和决策失误造成经营性亏损。二是重约束轻激励。目前仍重视对监管对象加以条件约束，很少采取激励手段进行正向示范引导。粮食购销领域权责清单行政许可、行政处罚、行政检查三项共 61 条，无奖励事项。三是重建设轻管理。从普查方面来看，对粮食企业财务、资产等内控制度和标准化建设不重视或重视不够是普遍存在的问题，企业间差距较大。

（四）**依法监管需强化**。一是地方立法进展较慢。如已出台的《陕西省省级储备粮管理办法》只规制到省级储备粮管理，尚未出台覆盖市县级粮食购销领域监管的制度规定。二是法律制度尚不完善。在粮食购销领域监管适应法律时因缺少更加标准化制度和可操作细则，出现对特殊情形难以判定或判定后难以处罚。如陕西省粮食系统未及时对执政处罚自由裁量权制度进行修订，加大适用处罚难度。三是依法执法短板明显。陕西省半数以上市县没有设立粮食购销领域独立执法队伍，其余市县粮食购销领域执法权划归市场监管部门，专职执法人员少、执法实践少、执法建设投入不足等问题凸显。

二、提升政府监管效能的路径探索

（一）**构建监管主体大格局**。一是创建监管行政主体新组合。在地方党委政府领导下成立监管委员会或办公室，负责监管任务上传下达，统筹调度各行政部门监管力量；由粮食和储备部门履行监管主体责任，对粮食购销领域各环节进行监管，其他部门结合职责协助监管。二是培塑企业合规管理新导向。筛选各类合规管理先进企业代表，梳理建立合规管理标准。推动企业对标合规管理标准，主动整改、完善和升级，提升企业自主权和政府监督权耦合度。建立与企业合规建设投入相挂钩的政策制度，综合利用财政、税收和金融优惠政策，引导企业向合规管理标准看齐。三是丰富监督主体。促进地方党委、政府、人大、纪委监委等部门单位履行监督职能，引导行业协会发挥行业监督作用，鼓励群众对粮食购销领域行政主体和市场主体实施监督，筑牢保障粮食安全的人民防线。

（二）**开创监管方式新模式**。一是推进数字监管模式。推动技术与业务深度融合，使监管信息能够实时记录、传输、共享，监管客体能够远程可视、监控、调度，监管风险能够线上监测、预警、应急处置。二是健全权责清单体系。健全粮食购销领域权力清单、责任清单、负面清单"三张清单"。运用政府权责清单管理系统平台公布权责清单，及时优化调整监管权责清单，聘请第三方专业团队对依法监管进行专业监督，对监管缺位越位行为进行依法问责。三是创建分类式监管模式。突出监管对象和监管重点，开展企业合规管理和信用评估，设定"红黄绿"分类监管，清理"红色"企业，推动"黄色"企业改革，引导"绿色"企业继续合规经营。

（三）**创建监管机制新形态**。一是建立协同监管机制。由牵头机构负责协同行动，通过建立协同关系、确定协同目标、分配协同任务、分享协同信息，实现内部协同；建立粮食购销信息发布制度，扩大社会、组织和群众依法享有知情权，鼓励参与监管监督，实现外部协同。二是健全风险监管机制。分析粮食购销领域频发多发问题，为实施风险监管策略提供依据，制定和执行风险监管措施，及时对监管过程中出现的风险变化做出应对调整，及时与监管企业责任人进行沟通和预警。三是构建新型监管机制。在信用管理制度上推动粮食购销领域信用管理立法，建立信用信息体系的基础和依据，加强市县级层面信息化监管基础建设，落实信息公开制度，根据企业合规经营情况，赋予企业"良好""警示""失信""严重失信"四个类别，并向社会公示。

三、相关措施建议

（一）**推进体系融合**。按照机构编制和职能任务相匹配的原则，充实加强各级粮食行政监管力量，加强粮食购销领域监管体系与其他领域监管体系同构。推动地方强化大监管体系整体设计和系统布局，明确监管机构、职能集成、信息共建共享、联合执法和经验交流等相关制度要求。强化粮食购销领域监管体系与市场体系匹配，及时推动监管体系调整改革，促使监管方向目标、重点任务、标准要求、机构力量等与多元市场主体相匹配，有效提升监管效能。

（二）**整合政策资源**。利用落实党政同责契机，推动监管机构调整改革、国有粮食企业分类改革、粮食安全保障立法责任等，进入地方党委政府责任清单。利用地方经济社会发展中长期规划立项契机，建议将粮食安全基础工程、粮食市场信息化基础工程、粮食购销领域信息化监管基础设施工程、粮食人才建设工程纳入规划，争取政府项目和财政资金支持。利用落实中央关于粮食购销领域信息化监管政策举措、部署仓储基础设施建设和优质粮食工程建设契机，争取地方党委支持、协调其他相关粮食部门支持，在推动粮食购销领域高质量发展中实现监管效能整体提升。

（三）**完善法律制度体系**。在中央层面加快完善国家粮食安全保障立法，尤其要推动对粮食购销领域吸纳外资和增加电商等新业态监管标准入法。在地方层面加快完善与上位法相衔接的地方粮食安全保障立法，推动国家相关法律本地化和地方特色立法并重。根据粮食购销领域新变化和相关法律新出台，推动监管相关制度动态立改废，尤其在压实政府责任、激发企业合规管理、规范监管程序相关配套制度上取得创新突破，推动粮食购销领域从依政策监管向依制度监管，最终向依法律监管转变，让法律制度尺度转化成监管能力尺度，确保监管法治化水平快速提升。

（来源：陕西省粮食和物资储备局、浙江省粮食和物资储备局、国家粮食和物资储备局广东局分别承担的 2022 年度国家粮食和物资储备局软科学课题《粮食购销领域政府监管效能研究》《粮食购销领域穿透式监管机制研究》《进一步加强进口储备粮监管的路径探讨》。课题负责人：

杨林，课题组成员：任华妮、张少祥、蒋义明、赵伟、陈心宇、苏振峰；
课题负责人：姚激扬，课题组成员：张如祖、孙强、于万军、陈冀、李灿；
课题负责人：张依涛，课题组成员：王可顺、罗导远、苏楚彪、张莉丽、
陈有华、解笑愚，中国粮食研究培训中心张慧杰、王娟、刘珊珊摘编，
王世海审核）

第六篇

大力推动粮食产业高质量发展

粮食产业高质量发展路径模式研究

优质粮食工程是实施乡村振兴战略和国家粮食安全战略的有力举措，是扎实做好"六稳"工作、全面落实"六保"任务的有力抓手。党中央、国务院高度重视优质粮食工程建设，习近平总书记强调要深入推进优质粮食工程，做好粮食市场和流通的文章。各地根据实际情况探索优质粮食工程实施路径，全力助推粮食产业高质量发展，不断提高粮食安全综合保障能力，把粮食安全主动权牢牢抓在自己手中。

一、粮食产业高质量发展路径模式探索

（一）优质粮食工程"阜南样板"发展模式。 2019 年以来，中化现代农业有限公司依托先正达集团全球领先的农业科技创新优势，以现代农业技术服务平台为载体，与国家粮食和物资储备局深化粮食领域合作，共同推进优质粮食工程，打造粮食产业助力乡村振兴"阜南样板"。

一是多方协同，推动"阜南样板"走深走实。 科技引领，开展优质小麦示范种植。筛选推广优质高效品种。结合阜南县产业发展基础及下游加工企业需求，经过反复试验，从当地 100 多个小麦品种中优选 5 个优质高效品种在全县集中推广，有效改善阜南小麦品

种多、乱、杂问题，小麦品质均一性显著提高。强化技术方案配套。立足优选品种生长关键节点，围绕小麦防倒伏、精准施氮、病虫害绿色防治等关键技术，开发全程定制化技术方案；组织开展新品种、新技术观摩交流，免费向农户输出技术研发成果。构建覆盖全县的"卫星遥感—无人机—智能物联"空天地一体化智慧农业监测体系，帮助农民挑上种田的"金扁担"。建设标准化示范农场。建设5000亩示范农场，制定提升增产、降本增效、绿色发展的集成技术方案，开展种植技术试验示范。充分运用新媒体工具等手段，围绕示范农场作物生长关键节点开展农民培训，有力推动扶志扶智与"人才兴粮"落实落地。

二是整合资源，推进优质小麦规模化种植。推进订单种植模式。与中粮、中裕等大型粮食加工企业及县域中小型企业提前锁定订单，组织农户按照订单要求开展标准化种植，并在市场价的基础上溢价5%以上定向回收，实现适销对路的优质粮食产出占比超过90%。强化龙头企业带动。建立"公司＋农民合作社＋基地＋农户"利益联结机制，联合新型农业经营主体、近百家中小企业建立粮食生产托管联盟，带动分散小农户开展优质粮食规模化、标准化、现代化种植，逐步建成60万亩优质粮源基地，带动小农户近20万。优化全程综合服务。建成4000平方MAP全产业链技术服务中心和27个乡村服务站，围绕粮食生产核心环节，在土地整治、农机作业、检验检测、收储加工、市场对接等领域开展配套服务，着力解决阜南县技术条件差、产业基础薄弱的问题，提供产购储加销"一站式"全程服务。

三是链条延伸，引导优质小麦就地加工转化。提升粮食集并效率。联合烘干企业、粮食集并人等130个成员组建粮食经纪人联盟，组织粮食收购专题培训，打造专业化"收粮团队"，建立订单农户和粮食经纪人联盟成员售粮绿色通道，优化结算体验，提升优质粮食回收效率。盘活乡镇闲置粮库。采取委托收储方式盘活阜南6个乡镇粮库近14万吨闲置仓容，开展分品种分仓储存，持续提高科学储粮水平和品质保障能力，切实提升储备粮质量，增加绿色优质粮油产品有效供给。引导粮食产业集聚。联合当地库点、属地加工企业、本土销售合作方，建立粮食产业化联合体。引导龙头企业中裕食品落户阜南建设食品加工厂，赋能阜南众合面业等中小型面粉加工厂生产优质产品，提升优质小麦就地加工转化水平。2022年7月，阜南60万亩优质小麦喜获丰收，品质均在二等以上，平均亩产约520公斤，比普通小麦增产60公斤以上，订单收购每斤约1.55元，助农增收2.3亿元，带动4.9万名脱贫群众受益，实现产量、品质、价格"三提升"。多年来阜南小麦品质价格洼地的情况彻底扭转，"阜南小麦"品牌效应逐步显现。

（二）**产业集群发展模式**。吉林省粮食产量连续多年保持在700亿斤以上，2021年突破800亿斤，农作物耕种收综合机械化水平达到92%，单产、总产一直位居全国前列。该省根据自然资源禀赋和产业发展实际，出台支持政策，多措并举打造粮食区域品牌，构建起吉林大米品牌引领下的吉林水稻产业集群。

一是健全稻米产业体系。龙头骨干企业向上下游延伸，家庭农场、合作社、龙头企业等多元主体加强合作形成稳定的利益共享联合体，推广实行全产业链发展模式，稻米产业实现了由各环节分散经营向一体化发展转变。一些企业不断扩大优质稻米基地，2021年企业拥有水稻基地21.09万公顷。

二是加快发展区域联盟。由省粮食行业协会牵头组建了由省内具有一定影响实力的大米加工企业和部分省外经销商构成的吉林大米产业联盟。目前，联盟内生产加工企业 69 家。联盟企业依托自身优势，整合周边企业，有效提升了产业集聚力和产品竞争力。如"查干湖大米"区域联盟通过资源整合，种植基地面积由 30 万亩扩大到 50 万亩，稻米加工能力由 12 万吨扩大到 50 万吨，年销售收入由整合前的 1.5 亿元增长到 10 亿元。

三是逐步完善质量标准体系。《吉林大米地方标准》、"吉林长粒香""吉林圆粒香""吉林小町"等市场热销品种的团体标准以及"弱碱大米"行业标准均通过国家质监总局审核并颁布实施。搭建吉林大米质量安全可追溯系统，实现大米产品"来源可查明、流向可追踪、信息可查询、责任可追究"。目前，系统中运行的企业达到 166 家，基本覆盖了全省生产销售中高端大米的企业。编制吉林优质稻谷收储作业"5T"（优化稻谷在熟收时期—T1、田场时期—T2、干燥时期—T3、收仓时期—T4 以及仓储时期—T5）标准管理规程，为提升稻谷保鲜保质水平打下了基础。

四是品牌建设取得显著成效。以"吉林大米"为核心，培育形成了梅河大米、延边大米、柳河大米、榆树大米、舒兰大米、万昌大米等 17 个地理标志品牌以及查干湖大米、大荒地大米、米管家、大米姐、洮宝等知名品牌。搭建吉林大米品牌大数据云平台，以该云平台为依托，以数据链为支点，以智能化分析决策为手段，围绕吉林大米产业体系、质量体系、营销体系，构建数字化云端管理平台，提升了"吉林大米"品牌的核心竞争力。

五是持续创新营销体系。不断创新吉林大米营销模式，形成了相对稳定成熟的营销体系。包括"互联网＋吉林大米"模式，与阿里巴巴签署战略合作协议，开设吉林大米官方旗舰店，统一标准、统一备货、统一包装、统一发送、统一结算，吉林大米电商平台得到快速扩张。"吉田认购"专属稻田吉林大米私人订制模式，企业将自有基地划成份，面向高端消费人群订购，消费者通过购买定期、定向、定量的土地权宜，享有基地大米及时令农产品供应、配套旅游等服务。直营连锁模式，依托吉林大米产业联盟企业在省外主销区开设统一标识的吉林大米直营店和商超专柜，建立自己的营销体系。产销对接模式，通过省际间、行业间交流合作，配合产品展销展示活动，与当地有关部门、经销商直接对接，达成协议。截止到2021年底，全省117户企业开设吉林大米直营店380个，其中：省内121个，省外259个；22户企业开设商超专区专柜74个，28户企业开设线上网店44个，专属稻田省内累计销售12340.87公顷。

（三）以粮食交易市场为牵引的协同联动发展模式。北大荒作为"中国最大的粮仓"，以北大荒粮食交易市场为牵引统筹强化"产购储运加销"协同联动，开创粮食产业高质量发展新局面。一是以粮食交易市场带动物流加工等环节。北大荒粮食交易市场为"控后端"提供市场化的有力抓手，以粮食交易市场拉动周边粮食精深加工、物流、生产生活服务等二、三产业发展，逐步形成产业集群，从整体上推动北大荒集团、黑龙江省东部区域产业发展。二是建立功能完备的数字化粮食交易中心。北大荒集团已基本建成具备大数据中心、"粮食银行"、仓储物流服务、交易中心、财务共享中心、检测中心六大板块的北大荒粮食交易中心。供应链金融、期现结合、可流转数字仓单等交易服务逐步成熟。三是打造供应链金融和一站式仓储物流服务。以供应链金融和一站式仓储物流服务为核心，将农户、农场、企业、银行四方利益进行联结，提供集交易、结算、金融、资讯、保障于一体的综合服务，形成高效、畅通、可循环的资金生态圈。

二、推动粮食产业高质量发展的政策建议

一是强化龙头企业作用。进一步发挥龙头企业的示范引领作用，重点围绕国家粮食安全产业带建设区域粮食全产业链综合服务平台，建立规模化种植基地，以市场需求和农户服务需求为导向建设优质种植基地，提升连片水平，确保全产业源头的可持续发展。建设企业产品全程追溯体系，建立信任，凸显差异、提高产品竞争力，有效保证优质安全。补齐"五优联动"各环节短板，强化龙头企业已构建的"产购储加销"一体化产业链，固化优质粮源，开发优质产品，发力品牌建设，拓宽效益空间，形成以企业为主导的优质粮油产品可持续发展的产业链，充分发挥引领和示范带动作用，提高粮食领域整体产业链水平。

二是推进全产业链发展模式创新升级。以"五优联动""六大提升行动"推动的粮食产业链为核心，不断向上下游延伸，通过新技术、新业态、新商业模式，推动"好粮油"从田间到餐桌，形成各环节无缝衔接、各主体和谐共生的良好生态，延伸模式包括产业联盟模式、产业集群模式和新业态模式等，延伸产业链。围绕创新发展、转型升级、提质增效的鲜明主题，激发技术创新活力，促进新产品、新模式、新业态加速成长，实现"好粮油"价值链的跃升，提升模式包括粮食循环经济模式、新产品模式和精深加工模式等，提升价值链。打造"好粮油"供应链，以优质粮食工程实施企业向上游与新型农业经营主体开展产销对接和协作，通过定向投入、专项服务、良种培育、订单收购、代储加工等创新商业方式，建设加

工原料基地，探索开展绿色优质特色粮油种植、收购、储存、专用化加工试点，向下游延伸建设物流营销和服务网络，实现粮源基地化、加工规模化、产品优质化、服务多样化，着力打造供应链。

三是强化政策支持效应。充分发挥财政资金"四两拨千金"作用，顺应农业供给侧结构性改革和粮食产业高质量发展需求，合理调整粮食全产业链各环节财政支出结构，保持优质粮源基地建设等生产环节支持力度，稳定优质粮源供给，支持粮食市场化收购，提高环节补贴资金使用效益，加大粮食质量溯源项目补贴力度，满足人民群众对绿色优质粮油产品的需要。加大粮食财政支持力度，完善粮食主产区利益补偿机制，进一步加大对主产区的财政倾斜力度，调动和保护主产区重农抓粮积极性，夯实国家粮食安全的"压舱石"。

（来源：吉林省粮食和物资储备局，中化现代农业有限公司，北大荒农垦集团有限公司、黑龙江省农垦科学院、黑龙江省农垦管理干部学院，河南工业大学，山西农业大学分别承担的 2022 年度国家粮食和物资储备局软科学课题《吉林省水稻产业集群发展路径研究》《聚焦产粮大县打造优质粮食工程升级版路径研究》《以北大荒粮食交易市场为牵引统筹强化"产购储运加销"协同联动机制研究》《新经济时代推进我国优质粮食工程的理论及方略研究》《五良融合助力优质粮食工程的实施路径研究》。课题负责人：冯喜亮，课题组成员：周冬虹、姜乃辉、王骋、何博、张维、高帆、吴素煌；课题负责人：应敏杰，课题组成员：张晓强、张宏波、柏娜、秦李龙、彭江南、李骏、刘晨、张硕、赵园；课题负责人：于省元，课题组成员：王大庆、张宝生、聂颖、李运美、曾祥亮、张鑫、刘馨、孟稚松、邹宝吉、于雷、郭明明、林源；课题负责人：汪来喜，课题组成员：乔占民、刘战国、翟书斌、张全红、任新平、吴海峰、梁秀霞、李旖、张蒙蒙；课题负责人：郭建平，课题组成员：陈亮、薛绛力、李智、刘艳萍、姚展鹏、郭雪君、胡燕、韩江涛，中国粮食研究培训中心王娟、刘珊珊摘编，王世海审核）

以数字化变革创新
驱动粮食产业高质量发展的建议

习近平总书记强调，没有信息化就没有现代化。数字化作为信息化建设新趋势，是推动粮食产业高质量发展的重要动力。山东省以"优质粮食工程"为抓手，全面加快粮食产业信息化建设，在全国率先建成全省粮食流通管理一体化综合性电子政务平台，完成412家地方粮库智能化升级，为全国粮食产业数字化转型创新进行了有益探索，其在数字化变革中遇到的问题与挑战具有一定的代表性。

一、山东粮食产业数字化创新发展现状

（一）**省级粮食产业互联网平台稳步推进**。山东省粮食和物资储备局联合阿里巴巴建成了全国粮食行业首个覆盖粮食产购储加销各环节的专业化粮油智慧交易平台——"好粮有网"，并在第三届中国粮食交易大会上率先与全国好粮油平台实现互联互通。"好粮有网"项目经过三期建设，已开设了9个主题场馆，入驻企业400余家，上架商品近5000款，同时提供电商交易平台、原粮收购平台和产业互联网平台三项功能，为全面促进"产购储加销"各类主体利用互联网进行上下游协同，推动实现产业链和价值链的重塑与

改造发挥了积极作用。

（二）**试点企业数字化建设取得突破性成果**。山东根据实际情况选择若干"接一连三"、处于产业链中间关键位置的面粉粮油加工企业作为行业数字化转型试点，依托"好粮有网"产业数字化平台，结合企业生产经营的具体场景，协助企业打通内部数据孤岛，以数字化技术助力企业提升效率。以山东省粮食行业首个数字化转型试点单位发达面粉为例，该试点项目建成后，实现了原粮采购、销售订货、质量追溯、物流协同等各链条的数字化管理，构建为对产业上下游开放、融合的粮油生态系统，已成为该省粮食产业数字化转型的示范性工程之一。

（三）**百亿以上大型企业集团数字化建设成绩显著**。以鲁花集团、香驰控股、西王食品为代表的百亿企业集团已基本实现企业管理、生产经营、物资购销、财务结算、保管管理、安全质量等业务模块的信息化建设，并初步建成跨部门协同的数字平台。部分企业正在推进商业智能（BI）大数据平台、"无灯车间"、"智能工厂"等项目，它们的数字化转型代表了粮食产业数字化实践的最新进展，具有很强的行业示范作用。

（四）**"购储"环节数字化推进规范有序**。山东省各级各类储备库公司以"粮库智能化升级"和"地方储备粮动态监管系统建设"为契机，规范有序地推进数字化转型工作，借助智能粮库管理平台系统，基本实现运营管理、购销经营管理、智能出入库、智能仓储、质量管理、库存管理、协同办公等业务模块的信息化和数字化，大大提高了仓储作业的工作效率及工作质量。

二、粮食产业数字化建设面临的问题

（一）**信息化基础较差**。我国粮食产业起步晚，经营主体普遍规模较小，行业集中度比较低。如在粮油加工环节，企业的生产运营系统从低级到高级依次存在着手工作坊、半自动机械化、自动化、信息化、数字化以及初级智能化等不同形态，行业信息化基础参差不齐，普遍较差。调研发现，信息化手段和数字化技术在粮食的产购储加销等诸多环节的具体应用中存在着诸多"水土不服"，如数字化和智能化所依托的自控设备及配套信息软件，在实际场景中只有单台自控生产设备，存在完全无法衔接的情况。

（二）**商业模式尚不成熟**。粮食产业互联网的商业逻辑明显不同于消费互联网，企业推行数字化过程中的成本由自身承担（内部化），但收益却有外部化倾向，甚至存在向竞争对手泄露商业机密的可能。如某粮食企业将采购信息通过数字化手段向上游供应商进行公开挂牌、组织在线预约或在线比价时，会导致采购价格等经营信息在互联网上传播，竞争对手可以获取相关数据。试点企业会要求单独为其开发 APP 或者小程序，采取相对封闭式的管理，即仅面向自身上下游客户建立私域的数字化体系。如何构建符合各方利益诉求的商业模式是数字化转型的长期挑战。

（三）**中小规模粮食企业数字化进度明显滞后**。相对于其他产业来讲，粮食企业的平均营收规模普遍较小，绝大部分企业的营业规模在 3 亿元以下。与较大规模粮食企业相比，百亿以下的粮食企业在数字化建设上明显滞后，且分化严重。营业收入在 30 亿元以上的企业，基本上实现了企业管理体系、生产管理体系与经营销售体系的信息化或数字化改造；但大多数营业收入在 3 亿元以下的企业数字化建设主要集中在财务会计、经销存环节的管理信息化，生产设备多为半自动或自动化水平相对较低的机器，还处在由机械化向自动化、信息化迈进的阶段。

三、推动粮食产业数字化创新发展的对策建议

一是聚焦重点，加大技术推广力度。粮食产业数字化转型应当重点聚焦在粮食收购和粮油加工两大领域，通过产业互联网建设，充分利用数字化技术帮助和推动传统产业结构的变革和价值链的优化，在降低成本的同时，提高生产与运营的效率，创造新的价值空间。围绕具体需求，以用户为核心，以数据为驱动，连接内外部资源，不断强化设备及配套等的衔接，加速实现"三链"的互联互通和数据整合。可在行业内推行云计算、大数据、人工智能与工业互联网四项技术。以政府数据开放共享为突破，逐步形成粮食流通大数据。

二是构建"政产学研金服用"生态体系。以产业互联网为依托，将打造"政产学研金服用"生态体系作为数字化建设的立足点和出发点，粮食行政管理部门和相关政府部门聚焦于编制发展规划、出台扶持政策、建设基础设施和优化市场环境等宏观方面；产、学、研作为创新的核心主体，聚焦于具体应用场景与数字化技术的技术研发、融合创新和产品输出；金融供给和金融服务通过注入资金发挥润滑和激活作用；孵化器、协会、联盟等中介服务机构要做好咨询服务与沟通协调；粮食企业作为最终用户，通过数字化创新成果的实际推广应用，将其真正转化为现实生产力和核心竞争力。

三是多措并举给予政策资金支持。鼓励和支持大型企业开展数

字化转型实践探索。按照"一企一策"的方式，指导粮食企业与互联网科技企业、咨询公司等联合编制全链条、全流程数字化转型的整体解决方案并组织实施，争取将有关数字化项目纳入优质粮食工程装备提升行动给予资金支持，多渠道筹措资金给予保障。针对中小企业出台普惠性政策。鼓励产、学、研相关各方基于云计算架构开展多场景应用开发，按照"一行一策"的原则，积极衔接各部门支持政策，借鉴山东工信部门在全国首创的"云服务券"机制给予补贴，带动中小企业上云用云。引导相关数字化产业园区、孵化器等增设粮食产业主题，积极推动大众创业、万众创新，进一步发展本土数字产业化力量，更好服务粮食产业数字化进程。

（来源：山东省粮食和物资储备局承担的 2022 年度国家粮食和物资储备局软科学课题《数字变革创新在推动粮食产业高质量发展中的驱动路径研究》。课题负责人：王伟华，课题组成员：刘萍、李剑、解淑媛，中国粮食研究培训中心王娟、刘珊珊摘编，王世海审核）

提升省域粮油公用品牌影响力问题分析和对策建议

——以荆楚粮油为例

近年来，湖北省深入实施"优质粮食工程"，落实"中国荆楚味 湖北农产品""吃湖北粮 品荆楚味""荆楚粮油"农产品品牌战略部署，全省粮油品质整体提升，涌现出"荆楚粮油"（"湖北菜籽油""荆楚大地"）等优质区域公用品牌，为省域粮油产品抱团闯市场奠定坚实基础，但仍存在品牌不响、影响力有限、产品市场占有率不高等问题。建议打造"荆楚粮油"公用品牌矩阵，发挥公用品牌示范和引领作用，推动实现公用品牌和企业品牌共建共享，为打造具有全行业和全国影响力的知名品牌提供行动策略。

一、湖北省粮油公用品牌现状

（一）**基础优势**。2021年全省粮食种植面积4686千公顷，夏收油菜籽产量251.8万吨，高油酸菜籽油种植面积突破30万亩，水稻总产量376.7亿斤，中晚籼稻国标三等达标率95.4%。粮油加工年综合产值近1900亿元，规模居全国第一方阵。一是品质优良。湖北水质条件好，Ⅰ类水占比80%以上，土壤肥力足，有机质含量高，水稻土占总耕地面积50.35%。湖北大米整精米率高，米质弹性、黏性和黏硬度适中，口感度好，回甘味浓郁。湖北油菜籽出油率平均值约为40%，双低油菜商品化率超过50%。二是品类多样。湖北粮油作物种类丰富，延展性强，在差异化自然环境塑造下，分布有稻谷、小麦、玉米、大豆、油菜、花生、山茶等多类型农产品，由此形成的产业集聚效应，带动虾稻共作、生态育稻模式取得显著成效。三是品牌丰富。先后培育出"荆楚大地"好粮油、"京山桥米、孝感香米、潜江虾稻、仙桃香米、枝江玛瑙米"以及"国宝、洪森、庄品健、楚花香、二度梅、德安府、虾乡稻"等湖北粮油品牌，有108个产品获评"荆楚好粮油"称号，其中6个菜籽油产品荣获"中国好粮油"称号，居全国第二；38个粮油品牌获评"中国好粮油"产品，总数居全国第三。四是共建共享。目前，"1+N+X"公用品牌建设矩阵得到越来越多粮油企业认同，市县粮油企业加入"双品牌"建设序列的积极性不断提高，品牌矩阵范围进一步扩大，围绕"战略端、定位端、渠道端、传播端"立体构建省域公共品牌，重塑湖北粮油大形象的模式初显成效。

（二）**制约因素**。一是现有品牌普遍缺乏市场竞争力。具有全国影响力的知名品牌几近于无，国宝桥米、接福菜籽油等部分粮油品牌虽然在省内市场占据一定份额，但在省外地域影响甚微，消费者认可度不高，全省范围缺少行业带动强、覆盖面广、知名度高的核心竞争品牌。二是企业品牌内涵挖掘提炼不够。湖北省粮油企业更多地偏向于关注产品销售和市场供应，习惯采用传统产品营销模式，很少从生态环境、地域文化、企业精神、品牌价值、情感沟通等角度深入挖掘品牌内涵，未能将产品营销模式提升到品牌营销的高度，品牌建设与产品营销和企业文化之间融合不够。围绕品位提升、价值引领、情感塑造等方面提炼品牌特性的思路不多、措施有限。三是供给端和需求端品牌意识不强。作为供给端的粮油企业，存在品牌建设系统性不强、对终端消费引导和服务能力弱等问题，没有形成一体化的品牌营销策略。作为需求端的消费者，基于粮油为必需生活品以及外部可视化特征不明显的思维定势，对粮油品牌的要求不高，品牌观念淡薄。

二、湖北粮油公用品牌建设存在的主要问题

（一）**品牌形象塑造尚不清晰**。湖北省域公用品牌经过多年打造，初步形成以荆楚文化为底蕴，以"生态美、品质优、味道香"为内涵，以优质水稻和菜籽油产品为竞争优势的建设导向。但是，在实际运作层面，存在名称指向不明、LOGO 塑造形象不清晰、品牌表现力不强、大众认知度还有待提高等现象。

（二）**品牌共建合力不够凝聚**。突出表现在上级部门引导和下游企业响应之间有差距,部分企业自营品牌前期已经投入较多资源，对于共建"双品牌"的信心不足，参与的积极性不高，能够常态化参与"公用品牌＋"建设的企业不足三成。

（三）**品牌宣传形式有待优化**。主要是在传统媒体与新媒体、官网官微与自媒体、公益传播与商业广告、软新闻与硬推广等领域，相互之间的契合度不明显；利用纪录片、微电影、宣传片、直播等形式，结合"荆楚粮油"品牌特点，通过品牌宣传讲好品牌故事，还有待进一步提升。

三、粮油公用品牌共建共享可行性研究及思路对策

采取稳步过渡、渐进性替代的方式，通过系统运营、新旧品牌转换以及"告知—引导—替换"三步走的方式，推动"荆楚粮油"平稳替代"荆楚大地"，探索形成性价比高、引导力强的共建共享发展策略，实现湖北粮油公用品牌系统升级，推动打造国家品牌。

（一）**聚焦生产端，推动公用品牌与企业品牌共建共享**。以生产端为突破口，聚焦品质提升，探索建立优质稻米和菜籽油产业链建设联合体，发展优质粮生产基地和订单生产。围绕特色产品开发、精深加工和综合利用，不断引导产品向功能化、品质化、高端化发展。积极探索粮油科技揭榜制，促进科技创新和转化应用。

（二）**聚焦宣传端，增强品牌影响力和市场溢价力**。统筹利用粮食流通发展资金和优质稻米、菜籽油两大产业链公用品牌建设政策资金，联合粮油企业建立双品牌宣传共建共享机制。利用重要时间节点，探索农文旅融合品牌宣传新模式，聚焦粮油销售端口，组织粮油产品进商超活动；借助大型展会，举办"荆楚粮油"推介会，发挥线上平台推广作用，丰富产品宣传方式，提高站内引流效果，增加粮油品牌市场溢价力。

（三）**聚焦管理端，提升产品质量和管理水平**。以"荆楚粮油""湖北菜籽油""荆楚好粮油"为纽带，开展"区域公用品牌＋企业品牌"双轮驱动品牌打造模式。支持引导一批省内粮油企业及产品高效参与品牌共建，确保2021—2025年年均新增省域公用品牌核心企业3—5个、产品5—10个，实现省域公用品牌产品年均销售额10%以上增速。完善制定优质稻米和菜籽油产业链省级团体标准，围绕产业链标准化生产、现代化储加、系统化营销、规范化管理，制定

核心关键环节团体标准，出台"湖北菜籽油"优质油菜生产基地认定管理办法，提升全产业链管理水平。

（来源：湖北省粮食局承担的 2022 年度国家粮食和物资储备局软科学课题《提升湖北省级粮油公用品牌影响力问题分析和对策研究》。课题负责人：李硕，课题组成员：龚伟、刘珊珊、高丹桂、高荣晟、卜崇军、肖竞、陈三才、刘中才，中国粮食研究培训中心刘珊珊、王娟、崔菲菲摘编，王世海审核）

实施"三品"提升行动
引领山西特色粮食产业高质量发展

粮食产业作为基础性、支柱性产业，是保障粮食安全的重要基石。山西省聚焦保障粮食安全、促进乡村产业振兴两大战略任务，科学研判该省粮食产业现状和发展趋势，以"三品"提升行动，即"优质粮食工程"品种培优、品质提升、品牌打造行动为抓手，统筹调动各级政府、科研机构和各类市场主体资源，通过选育优良品种、提升粮食品质、打造粮食品牌，加快推动该省特色粮食产业转型升级、提质增效。

一、山西杂粮产业"品种品质品牌"发展现状分析

（一）**杂粮种质资源丰富，种业振兴行动积极推进**。全省现存粮食作物、蔬菜、中药材等农作物种质资源 7.5 万份，全国排名第三，特别是杂粮种质资源近 4 万份，位列全国首位。自提出"种业振兴行动"以来，该省积极创建杂粮种质资源创新与分子育种国家重点实验室，努力打造全国杂粮种业创新高地。山西农业大学聚焦山西主粮和杂粮、油料作物等产业领域，优化育种体系；神农科技集团聚焦有机旱作农业和杂粮种业特色，全力构建"一核心两支柱两特两育"种业体系，推行"一核两翼，全链拓展"的"种业+"

全链运营模式，推动高粱、谷子等杂粮，玉米、小麦等主粮种业研究实现突破；农发行山西分行 2021 年累计投放种业贷款 1.14 亿元，全力支持种业全产业链发展，"十四五"期间将安排不低于 50 亿元信贷规模用于全省种业全产业链发展。

（二）**粮油产品品质优良，质量保障水平进一步提升**。该省以杂粮为重点，统筹推进"产购储加销"协调联动发展。分批认定 61 家省级粮油产业化龙头企业和 74 个"山西好粮油"产品，种植基地面积增加 32.7 万亩，绿色、有机基地分别增加 14.7 万亩、6.4 万亩；开展订单收购，优质基地生产粮食收购价每斤高于市场价 0.5 元左右，促进建立优质优价机制；增加低温恒温库 116 个、仓库面积 5.1 万平方米，仓储能力提升 13 万吨，"优粮优储"基础进一步夯实；提升更新生产线 91 条，车间 83 个，申请专利 48 个，研发新产品 103 种，建成企业检化验室 32 个，"优粮优加"能力大幅提升；新增线下网点、专柜、体验店 1085 个，线上网店 124 个，"优粮优销"市场网络初步形成。利用省级平台资金，建立"山西好粮油""山西小米"系列团体标准；开展优质粮油品质测评测报，全省粮食优品品率提升 30% 以上，优质粮油增加量达 187.6 万吨，超过国家审定的 90 万吨目标值 1 倍以上；以山西（忻州）杂粮出口平台为依托，与中科院计算所共同开发山西杂粮区块链溯源平台，与忻州市 9 家杂粮龙头企业合作，安装 11 套追溯系统覆盖 19 块 5.5 万亩农田溯源基地，为玉米、藜麦、小米等赋溯源码 11 万张，杂粮质量追溯体系建设迈出关键步伐。

（三）**杂粮品牌整体开发稳步推进，区域公用品牌建设取得较大突破**。以习近平总书记 2017 年视察山西为契机，立足"杂粮纯优势，小米大产业"，全力打造"山西小米"区域公用品牌。通过

"山西小米"品牌基地、标准、良种繁育推广、质量保障、营销五大体系建设，截至"十三五"末，全省小米规模企业 176 个，年产值 30.2 亿元，小米年产值 1 亿元以上的县 7 个，年销售收入 1 亿元以上的县 11 个。全省种植面积 3 万亩以上的县 37 个，"长治小米""阳曲小米"等区域品牌影响力大幅提升，小米产业辐射农户 32.9 万户，户均增收 3000 元左右，"小米助小康"成为产业扶贫特色之路。打造"山西主食糕品"品牌，2021 年全省主食糕品产业总产值 64.7 亿元，较上年增长 65.9%，产能、销售收入稳定增长。在"山西小米""山西主食糕品"品牌建设的示范引领下，全省粮食产业发展由传统的产品营销向品牌营销转变、从数量扩张型向质量效益提高型转变，省、市、县、企业立体化品牌体系发展格局初见雏形。

二、实施"三品"提升行动引领山西特色粮食产业高质量发展路径探索

山西粮食产业发展的优势在杂粮，发展出路也在杂粮，要立足山西资源禀赋，以"品种品质品牌"提升行动为载体，引领全省杂粮特色产业高质量发展。

（一）**培育壮大产业主体，激发产业发展活力**。一是实施"走出去""引进来"。对标国内一流粮油企业，扶持一批粮食产业化龙头企业或集团"走出去"，开拓全国市场；"引进来"投资规模大、科技含量高、产业链条长、带动能力强的省外知名品牌企业，拓展跨区域生产经营。二是支持新型经营主体发展。推进多种经营方式创新，支持和规范家庭农场、种粮大户、农业合作社等适度规

模经营主体，以及土地托管、粮食产后社会化服务组织等新型经营主体发展。三是布局粮食产业强县。分类开展粮食产业强县认定和创建工作，不断完善县域内粮食产业链条，尽可能把产业链留在县域，依托县域促进粮食产业集群式发展。四是发展产业联盟或产业化联合体。鼓励企业间加深合作交流，发展产业联盟或产业化联合体，探索建立共建共享机制，实现优势互补、以强带弱。

（二）**实施品种培优行动，筑牢产业基础**。一是加强政策支撑。加快制定和完善促进全省种业发展的相关政策，鼓励扶持龙头企业、有实力的农业科技公司参与特色杂粮的种业攻坚。二是建设种业创新平台。依托山西农业大学（省农科院）等高校科研机构，积极推进杂粮种质创新与分子育种国家重点实验室和有机旱作农业省部共建国家重点实验室，整合政策和人才资源，促进种业资源和科技创新优势集成。三是加强品种基础研究。充分发挥"互联网""大数据""智慧农业"作用，开展粮食种质资源普查与收集，建设独具地方特色的杂粮种质资源库和鉴定评价平台，加强对全省特色种质资源的收集、保护和开发，深挖地方优势品种价值，提升品种原始创新能力。四是持续推进种业创新。聚焦主粮、杂粮等领域，积极申报和实施国家级杂粮育种创新项目。分地域建立优势杂粮良种繁育基地，加速新品种培育和地方优势品种提纯复壮，进一步推动资源优势转化为产业优势、经济优势。五是推进种业育繁推一体化发展。促进科研单位、种业基地与优势企业对接，建立健全商业化育种体系，推进育种研发、生产加工、良种推广等专业和配套服务协同发展。

（三）**实施品质提升行动，壮大产业硬实力**。一是突出标准引领作用。发挥山西国家标准化试点省政策优势，与市场监督管理部门加强联动，聚焦产业需求，加快制定一批产品标准和生产技术标准规范规程，完善粮食行业地方标准、团体标准、企业标准相结合的标准供给体系。二是扩大优质粮食生产基地。创新探索符合时代发展的土地托管服务模式，重视耕地地力保护，推广粮食生产适度规模经营，集成和推广先进的特色杂粮耕作、播种、灌溉、植保等现代化粮食绿色生产技术。三是促进粮食精深加工与转化。引导粮油加工企业引进和提升新技术新设备，化解过剩产能，提高粮食现代化加工工艺，增加专用粮油产品供给，稳定产品品质，统筹推动粮食精深加工与初加工、综合利用加工协调发展。四是打造主食糕品产业集群。鼓励和支持开发具有山西特色的功能性主食糕品产品，实现由"粮"向"食"延伸、由"生"向"熟"拓展，努力构建多元化、便利化、多层次的现代主食产业体系。在保障主食供应的基础上，开发方便快捷的功能性杂粮食品，提高杂粮的适口性、营养性和方便性，促进杂粮食品产业化。五是建立健全质量追溯体系。以山西（忻州）杂粮出口平台为依托，继续开发山西杂粮区块链溯源平台，建立溯源基地，对优质产品赋溯源码，为种粮大户、合作社、企业负责人提供培训指导等服务。

（四）实施品牌建设行动，引领产业升级。一是持续推动区域公用品牌建设。结合全省特色粮食产业发展实际，制定和完善政策体系，分地域打造区域公用品牌，积极推动粮油品牌参与"山西标准"和"有机旱作·晋品"区域品牌建设，建立健全品牌信誉维护机制，明确准入与退出规则，加强对粮油品牌的动态化管理，维护品牌信誉和价值。二是鼓励扶持企业和产品品牌发展。支持企业申报一批拥有自主知识产权和较强市场竞争力的知名企业杂粮品牌和杂粮产品品牌，从严遴选代表性的省级粮油企业和"好粮油"产品，加快构建"区域品牌＋企业品牌＋产品品牌"矩阵。三是搞活市场营销宣传。广泛运用互联网、大数据、及时通讯、社交平台、专业网站、平台合作、直播带货、线下展销等方式，加强品牌宣传和营销，挖掘品牌文化价值，逐步建立健全特色粮油品牌宣传营销体系。

（五）强化政策科技人才保障，增强产业动能。一是加强组织领导和政策保障。各级政府和相关部门要建立协调落实机制，将杂粮特色产业发展作为落实党政同责要求、发展乡村特色产业的重点任务抓紧抓实。统筹整合农业农村、粮食、科技、金融等政策资源，采取以奖代补、先建后补、财政贴息等方式，在品种培优、基地建设、科技创新转化、品牌建设和营销等方面予以支持。二是增强粮食产业创新能力。坚持企业创新主体地位，发挥大专院校、科研机构创新引领作用，促进产学研融合发展，推进技术创新、产品创新和经营模式创新。三是加大人才支撑和服务。结合全省杂粮产业发展实际情况，加强科技领军人才和企业家队伍培养，建立一支素质过硬的研究型、实践型人才队伍。抽调各领域的专家学者组建杂粮产业高质量发展专家顾问团，常态化问诊把脉，提出有针对性的指导咨询意见，更好地为全省杂粮产业高质量发展提供政策参考。

（来源：山西省粮食和物资储备局承担的 2022 年度国家粮食和物资储备局软科学课题《实施"三品"提升行动引领山西特色粮食产业高质量发展研究》。课题负责人：王云龙，课题组成员：徐晓峰、郭建平、程虹、侯晓泉、陈亮、丁丽芳、姚展鹏、路红霞、辛剑波，中国粮食研究培训中心王娟、崔菲菲、刘珊珊摘编，王世海审核）

第七篇
有效保障粮食市场稳定

国际粮价波动对我国粮食市场影响及对策建议

今年以来，国际粮食价格创纪录高涨引发全球广泛关注。世界银行数据显示，2022年3—6月国际谷物价格指数平均为162，超过历史最高水平（2008年4月的156）。国际粮食市场与我国粮食市场紧密相连，深入探究粮价上涨特征、规律及根源，多举措防范国际粮食市场风险，对于保障我国粮食安全具有重要现实意义。

一、国际粮价上涨的主要特征及原因

（一）近60年国际粮价5次上涨主要特征和原因。近60年来，国际粮食价格经历了1972—1974年、1977—1981年、1994—1996年、2006—2008年、2010—2012年共5次典型上涨，原因主要涉及3个方面：一是自然灾害、极端天气或局部冲突导致农产品减产或各国限制出口，供应链稳定性遭到破坏，推高粮食价格。二是能源危机导致燃料、化肥等涨价，生物燃料产业扩张，推高粮食生产成本。三是农业协定削减粮食出口补贴、宽松的货币政策导致过度投机等，导致国际粮价上涨（见下表）。

近 60 年国际粮价 5 次上涨特征及原因

时期	上涨特征	上涨原因
1972—1974 年	国际谷物价格指数涨幅达 290%，其中大米和小麦价格涨幅超 2 倍，玉米和大豆价格涨幅稍低	全球性干旱等自然灾害、中东战争导致石油危机、苏联的大量进口
1977—1981 年	国际谷物价格指数涨幅达 81%，品种间价格涨幅差异不大，在 80%—96% 区间	自然灾害、两伊战争导致第二次石油危机、美国的积极货币政策
1994—1996 年	国际谷物价格指数涨幅达 87%，其中玉米和小麦价格涨幅较大，大豆和大米价格涨幅较小	农业协定削减粮食出口补贴导致全球粮食减产
2006—2008 年	国际谷物价格指数涨幅达 122%，其中大米价格涨幅接近 2 倍，玉米、小麦和大豆价格涨幅稍低	全球能源价格大幅上涨、生物燃料产业扩张、市场投机及贸易限制政策
2010—2012 年	国际谷物价格指数涨幅为 88%，其中玉米和小麦价格涨幅较大，大豆和大米价格涨幅较小	极端天气、限制性贸易政策和市场投机

（二）**新一轮国际粮价上涨特征及成因。**新一轮国际粮价上涨呈现两个特征，一是粮价水平高。据世界银行数据，近一轮国际粮价上涨自 2020 年 5 月开始，国际食物价格指数由 2020 年 5 月的 85 上升至 2022 年上半年的 156。2022 年上半年国际粮价飙升至创纪录水平，当年 3—6 月国际谷物价格指数分别为 158、164、169 和 157，连续 4 个月超过历史最高水平（2008 年 3 月的 156）；二是品种差异大。国际小麦、玉米和大豆价格明显上涨，而稻谷价格变化并不明显。2022 年 1—7 月小麦、玉米和大豆国际价格分别为 444.4 美元／吨、322.4 美元／吨和 692.7 美元／吨，比 2021 年分别上涨 40.9%、24.2% 和 18.7%，比 2019 年分别上涨 120.9%、89.5% 和 87.7%，但大米国际价格变化并不明显。

本轮国际粮价上涨的原因主要在于新冠肺炎疫情、乌克兰危机、全球气候异常和美国量化宽松政策等因素叠加。一是新冠肺炎疫情威胁国际粮食供应和稳定性。疫情造成人工短缺和供应链不稳，部分国家采取措施限制农产品出口增加了粮价上涨风险。二是乌克兰危机冲击国际粮食供应与贸易。俄罗斯和乌克兰是国际重要的粮食生产国和出口国，冲突导致两国粮食减产，致使国际农资价格上涨，进一步阻碍俄乌粮食出口，从而推高国际粮价。三是全球气候异常导致粮食减产。2021 年全球气候呈现两次拉尼娜现象，极端天气导致美国、巴西、欧盟等国际粮食主产区的玉米、小麦等作物 2022—2023 年度预计减产，导致全球粮食价格上涨。四是美联储量化宽松货币政策导致投机资本涌入国际大宗商品市场。2020 年 3 月中上旬美联储将联邦基金利率下限调至零，并宣布实施"无限量化宽松"，美元流动性大增导致大量投机资本涌入国际大宗商品市场，从而推高了包括粮食在内的国际大宗商品价格。

二、本轮国际粮价上涨对我国粮食安全的影响

（一）从短期来看，国际粮价上涨对我国粮食安全影响有限。
一是我国对国际粮食市场的依赖程度相对较低。相较于产量，我国粮食进口量较小。2010 年以来我国稻谷、小麦、玉米三大主粮的自给率均值分别为 99.3%、98.4%、97.4%。二是我国粮食进口市场相对稳定。我国从俄罗斯进口粮食贸易量较少，2021 年从俄罗斯分别进口小麦 10.4 万吨、玉米 8.93 万吨、大麦 7.46 万吨、大豆 34.68 万吨，分别占总进口量的 1%、0.6%、0.3%、0.57%。我国从乌克兰进口玉米和大麦数量虽相对较大，但仍在可控范围。三是我国粮价上涨幅度远低于国际粮价上涨幅度。以 2021—2022 年为例，2022 年 1—7 月我国小麦期现货价格比 2021 年分别上涨 15.8% 和

18.3%，玉米期现货价格分别上涨 6.9% 和 2.1%，大豆期现货价格分别上涨 3.4% 和 8.4%，均低于国际小麦（40.9%）、玉米（24.2%）和大豆（18.7%）价格同期上涨幅度。受粮食最低收购价政策、粮食储备政策、进出口贸易调控政策等干预，国际稻谷、小麦、玉米价格对国内价格的溢出效应相对较小。

（二）从长期来看，国际粮价上涨对我国粮食安全带来一定压力。一是化肥价格上涨增加了我国粮食生产成本。我国钾肥尤其是氯化钾外采率高达 50% 以上，2021 年我国从俄罗斯和白俄罗斯两国进口钾肥占到进口总额的 55%。随着俄乌冲突持续，若俄罗斯和白俄罗斯不能持续供应钾肥，或两国钾肥合同价格上升，我国粮食生产成本将被推高，从而对我国中长期粮食保供稳价带来压力。二是不确定性事件持续演化将对我国中长期粮食进口带来挑战。进口粮食是满足我国粮食消费需求的重要来源，保障我国粮食安全离不开国际市场。受极端天气、新冠肺炎疫情和地缘冲突等重大事件持续影响，预计中长期国际粮食供给将减少。据 FAO《作物前景与粮食形势》预测，2022 年全球谷物产量比 2021 年减少 0.6%，其中小麦减少 1.0%，粗粮减少 0.5%，稻米减少 0.4%。大洋洲和欧洲的谷物产量预计减少较多，分别减少 14.1% 和 5.6%，加之部分国家发布农产品出口限令，国际粮食供给减少将导致我国进口难度增加。三是国际粮食安全降至低水平增加了我国粮食安全的不确定性。联合国世界粮食计划署（WFP）发出警告，"在短短两年内，面临严重粮食不安全风险的国家从新冠肺炎疫情大流行前的 53 个增加到今天的 82 个，人数由 1.35 亿增加到 3.45 亿"。作为世界上最大的发展中国家，我国粮食安全很难"独善其身"。此外，一些西方国家颠倒黑白，把国际粮食政治化，增加了我国粮食安全的不确定性。

三、防范国际粮食市场风险对策建议

（一）**稳步提高粮食综合生产能力，持续挖掘增产潜力。**一是重点提高外采率高的粮食产能，缓解结构性短缺。着力扩大大豆播种面积，挖掘大豆单产潜力，集中资源优先重点解决我国大豆在育种、加工、机械设备等方面的"卡脖子"问题，形成关键技术攻关清单，加强种质资源鉴定、优异基因挖掘和转基因、基因编辑等前沿技术研究，夯实国产大豆科技自强的基础。综合用好农业补贴政策，建立大豆玉米等作物的补贴联动机制，通过差异化补贴方式平衡大豆和玉米等竞争性作物的比较收益，推进玉米大豆带状复合种植。二是推进饲料粮种植结构改革。因地制宜推广"粮改饲"政策，建立饲料粮种植动态管理监督体系，进行有针对性的培育养殖，保持饲料粮与当地养殖业的同步运行。加大对国内畜牧、肉禽和豆油类生产厂商支持力度，建立科学完善的口粮饲料粮需求体系，在保障农户收益的同时，确保口粮安全红线不可触碰。

（二）**优化贸易传导机制，确保国内粮食市场平稳运行。**一是构建全球大宗商品市场价格监测预警系统，开展全球市场动态与价格形势跟踪分析。密切监测全球大宗商品市场价格走势，综合分析研判新冠肺炎疫情、乌克兰危机、气象灾害等事件的发展趋势及影响，划分进口风险等级，识别出重大风险点并向相关主体进行预警。二是增加郑州商品交易所、大连商品交易所农畜产品上市品种，大力发展人民币标价的粮食期货，完善交易规则，加强基础设施建设，吸引国际投资者，进一步掌握粮食国际定价权，规避粮食市场风险。

三是完善农业补贴和农业收入保险机制，保障农户收入以及粮食收购价格的稳定性。采取定向加大减税免税力度的专项工具，加强对中小微企业的扶持力度，破解因粮食价格上涨带来的生产经营困难和利润下滑困局。四是构建层次分明、权责清晰的粮食交易市场结构，扩大市场体系覆盖面，加强城乡零售交易网络建设。明确粮食交易主体，疏通金融衍生品的交易环节。启动粮食进出口运输的绿色通道，稳定化肥等重要农资进口渠道，保障国内粮食生产与流通稳定运行。

（三）**推进农产品进口多元化，推动建立良性开放的国际农产品贸易格局**。一是积极推动国内支持政策与 WTO 政策的有机衔接，深度参与全球农业贸易与投资规则的改革和完善，维护发展中国家在全球粮食贸易中的合理权益，重塑公正合理的全球粮食安全治理体系。二是加强"一带一路"贸易合作针对性，建立动态稳健的政治风险评估体系，利用地缘优势，拓宽从邻国进口小麦、大豆、玉米渠道，尽快开展农业合作，降低运输成本。如提高从印度、哈萨克斯坦进口小麦比例。三是强化与非洲部分地区国家的农业合作伙伴关系，在农业资源丰富、具有粮食增产潜力的地区建立农业示范中心，推动形成"耕地租赁＋资金＋技术＋收购"的长效合作模式。四是积极推动区域自由贸易，扎实推进自由贸易试验区、自由贸易港建设，加强与联合国粮农组织、世界粮食计划署等国际组织合作，帮助最不发达国家和粮食净进口发展中国家提高农业生产能力，向贫弱国家提供粮食援助等，展现大国担当。

（四）**培育跨国涉农企业，增强国际粮食供应链管理能力和粮价定价权**。一是引导和支持涉农企业参与全球农产品供应链物流链建设。鼓励国内粮食企业积极进行海外投资，鼓励企业在海外建立粮食生产、加工和储运基地，充分利用国际资源，增强我国粮食供给韧性。二是培育具有国际竞争力的大粮商，扶持大型跨国粮商发展，推动农产品质量检验制度与国际标准接轨，通过金融信贷和财政支持手段，鼓励企业整合海外农业资源，补充国内粮食缺口。

（来源：华中农业大学、武汉轻工大学、江南大学分别承担的 2022 年度国家粮食和物资储备局软科学课题《国际粮价上涨对我国粮食安全的影响及风险防范研究》《当前国际形势下我国粮食贸易格局变化趋势及粮食进口风险防范研究》《双循环格局下国家粮食安全的提升路径与模式选择研究》。课题负责人：肖小勇，课题组成员：王士春、项朝阳、宋长鸣、郑勤、田清淞、黄静；课题负责人：王新华，课题组成员：王锐、樊琦、狄强、赵伟锋、吴怡林；课题负责人：王建华，课题组成员：王缘、王舒、周瑾、钭露露、肖勇朋、任敏慧、马玲，中国粮食研究培训中心崔菲菲、刘珊珊、王娟摘编，王世海审核）

2022–2035 年我国粮食供需及贸易趋势预测

当前以及今后一个时期，我国经济发展从高速增长进入高质量发展阶段，在世界经济衰退和我国人口负增长预期下，考虑城乡居民收入增加、城乡差距缩小等因素，以 2021/2022 年度为基期，判断粮食消费总量仍将加速升级，在结构上，口粮消费已达到历史峰值，中长期趋于平稳下降；饲料粮需求还有上升空间。中长期我国粮食供需压力有所减轻，但是品种结构性矛盾还会长时间存在。

一、主要经济社会环境分析

（一）**全球经济衰退风险加大，我国经济保持稳步增长。**2022年全球通胀、地缘政治、供应冲击、新冠肺炎疫情等因素冲击全球经济。随着美联储持续加息，全球经济衰退风险再次加大。我国经济韧性足、潜力大、空间广，长期向好基本面没有改变。2021年我国人均 GDP1.2 万美元，2025 年我国将跨过高收入国家门槛，预计到 2035 年我国人均 GDP 将达到 2.3 万美元。从国民收入水平看，我国人均动物蛋白摄入量还有提升空间。

（二）**我国人口将进入负增长阶段，城镇化速度加快。**2021年末我国大陆总人口 14.13 亿，同比仅增加 48 万人，净增人口创

60 年新低；人口出生率为 7.52‰，连续两年跌破 1%，为 1949 年以来最低。2022 年 7 月联合国发布《世界人口展望 2022》报告预测中国人口拐点或将提前到来，预计 2035 年全国大陆总人口数 13.8 亿，平均每年减少 196 万人，平均降幅 0.2%。2021 年我国城镇化率 64.7%，预计 2035 年达 72.8%，2035 年城镇居民人口数会超过 10 亿人，平均每年增加 650 万，城镇化以及乡村居民膳食结构转型升级将间接拉动粮食消费增长。

（三）**不确定性因素会影响预测结果**。粮食供需和贸易还受天气、地缘政治、生物疾病等诸多不确定因素影响。一是全球气候变暖趋势对全球粮食生产波动影响加大。21 世纪前 20 年发生了 7 次厄尔尼诺和 6 次拉尼娜现象。二是国际政治形势复杂多变，贸易阻碍因素增多。2022 年乌克兰危机导致全球粮食价格大幅上涨。三是新发传染病直接威胁到人类生命安全，又具有突发性、意外性和严重性等特点，容易扰乱全球粮食供需。

二、中长期我国粮食市场主要特征

（一）**今后一个时期我国粮食供求仍将处于紧平衡状态**。我国粮食生产面临耕地不足、水资源短缺的双重约束，同时随着经济持续发展，居民生活水平的提高，加上乡村振兴、城镇化推进等因素，我国粮食消费需求将保持增加。但粮食需求增速减缓，我国粮食产需长期供需压力预计有所减轻，预计 2035 年度我国玉米、小麦、稻谷综合自给率 97.7%，比 2021 年度提高 3.5 个百分点；在国家大豆和油料产能提升工程的作用下，大豆自给率 19.3%，比 2021 年度提高 4.0%。

（二）**耕地保护和科技支撑，粮食生产能力不断提高**。国家落实最严格的耕地保护制度，守住18亿亩耕地红线和16.5亿亩粮食播种面积底线。受国内外粮食安全形势影响，"十四五"期间我国粮食面积将继续增加，随后有所下降，主要原因是城镇化、工业化及生态保护等仍将占用耕地。预计2035年主粮播种面积1.06亿公顷，比2021年略增0.8%。粮食增产主要依靠科技支撑，通过良种攻关推广、加强高标准农田建设、改善农田基本设施等提高粮食单产，特别是实施种业振兴行动，加快玉米、大豆单产增速。预计2035年我国四大粮食作物产量超过7亿吨，比2021年增长9.7%。

（三）**粮食消费结构调整，口粮和饲料粮一减一增**。践行大食物观，向耕地草原森林海洋、向植物动物微生物要热量、要蛋白，全方位多途径开发食物资源，落脚点就是顺应人民群众食物结构的变化趋势。我国居民消费观念持续改善，由过去的"吃饱、吃好"向"吃得健康"转变，食物需求更加多样化。由此出现两个变化：一是我国粮食消费增长速度减缓。预测到2035年度我国粮食需求将达到8.04亿吨，比基期增长5540万吨，增幅7.4%。二是消费结构继续升级，小麦、稻谷等口粮消费减少，饲料粮消费增加。预计2035年度小麦、稻谷食用消费量2.42亿吨，比2021年下降4.3%；饲料粮（玉米、大豆）消费量将达到4.66亿吨，比2021年增长19.5%。

（四）**供求结构性矛盾仍存，饲料粮需要国际市场调节**。我国粮食结构性矛盾突出，饲料粮供应安全依然是国家粮食安全中的突出问题，预计2035年度我国玉米、小麦、稻谷三大主粮饲用消费占总消费比重38.8%。饲料粮需要通过进口满足需求，预计2035年度我国四大粮食进口量将达到1.23亿吨，其中进口大豆1.07亿吨，占比 86.9%。

三、口粮供需中长期形势

（一）**小麦**。2021 年全国小麦播种面积 2356.7 万公顷，同比增幅 0.8%；小麦产量 13694.4 万吨，同比增幅 2%。预计 2035 年度我国小麦产量 1.351 亿吨，年均下降 0.1%。2021 年度我国小麦消费总量 1.464 亿吨，比上年度减少 83 万吨。小麦消费已达峰值，预计 2035 年度我国小麦总消费量 1.337 亿吨，年均下降 0.6%。其中食用消费减少、饲用消费下降、工业消费增加。由于人口老龄化上升、城镇人口数量增加、人口负增长，预计 2035 年度我国小麦食用消费量 8988 万吨，年均下降 0.3%。预计中长期我国小麦进口数量将保持 600—800 万吨。

（二）**稻谷**。2021 年全国稻谷播种面积 2992.1 万公顷，同比减幅 0.5%；稻谷产量 21284.2 万吨，连续 11 年保持在 2 亿吨以上。中长期看，我国稻谷播种面积稳中略降，稻谷市场供大于求。预计 2035 年度我国稻谷产量 2.110 亿吨，年均下降 0.1%。2021 年度国内稻谷总消费 2.133 亿吨，同比减幅 0.2%。稻谷消费已达到峰值，预计 2035 年度稻谷总消费 2.055 亿吨。其中，食用消费年均减少 0.3%。预计 2025 年度稻谷进口 450 万吨，2035 年度 400 万吨，年均减少 4.8%。

四、饲料粮供需中长期形势

（一）**玉米**。2021 年全国玉米播种面积 4332.4 万公顷，同比增幅 5.0%；玉米产量 27255.1 万吨，同比增幅 4.6%。中长期看，玉米、大豆等作物争地，玉米种植面积很难突破 2015 年历史高点。预计 2035 年度我国玉米产量 3.29 亿吨，年均增长 1.4%。2021 年度我国玉米总消费量 2.79 亿吨，同比增幅 1.5%。中长期饲料消费和工业消费将刚性增加，预计 2035 年度我国玉米总消费量 3.34 亿吨，年均增长 1.3%。2021 年度我国进口玉米、高粱和大麦 2189 万吨、1098 万吨和 829 万吨，分别同比减幅 26%、增幅 21% 和减幅 31.2%。进口玉米和替代谷物主要满足逐年增加的饲料粮需求，但玉米生产增加和消费增长速度减缓，展望期内我国玉米进口可能先高后低，预计 2025 年度降至 1300 万吨，2035 年度 600 万吨。我国进口巴西玉米数量将会增加。

（二）**大豆**。2021 年我国大豆播种面积 841.5 万公顷，同比减幅 14.8%。中长期国家继续实施大豆和油料产能提升工程，我国大豆种植面积和产量将呈增长态势。预计 2035 年度我国大豆种植面积 1153 万公顷，年均增长 2.3%，大豆产量为 2547 万吨，年均增长 3.2%。2021 年度我国大豆消费 1.11 亿吨，同比减幅 7.6%。预计 2035 年度大豆总消费量 1.32 亿吨，年均增长 1.3%。2021 年度我国大豆进口量 9651.8 万吨，同比减幅 3.8%。中长期国内大豆产量保持增长，大豆消费增幅放缓，大豆进口量增速将放慢。预计 2035 年度大豆进口量 10656 万吨。

五、有关措施建议

（一）**强化耕地保护和科技赋能，提高粮食生产能力**。坚决守住耕地红线，强化耕地质量保护，加快高标准农田建设。提升我国粮种自主创新能力，提高灌溉技术及化肥农药利用率，提升农业机械化、现代化水平，加快生物、信息技术与粮食生产融合。

（二）**强化全球粮食外采保障，增强国际市场话语权**。培育国际"大粮商"，布局海外粮源体系，参与国际粮食运输通道、物流基地建设及港口基础设施建设，确保粮食"买得到，运得回"。坚持粮食进口来源多元化和品种多元化并举，开展高水平对外开放与粮食安全合作，增强我国在国际粮食领域的话语权。

（三）**重视满足居民消费，减少不合理损耗**。提高优质绿色粮食产品有效供给，引导居民健康膳食，减少对精制谷物和红肉的过量消费；减少食物损失和浪费，提倡适度饮食，树立节约风尚。努力降低粮食生产、加工、收储等各个环节损耗率。

（四）**完善粮食储备调节，加强市场监测预警**。科学确定粮食储备规模，完善储备品种布局，健全储备运行机制，发挥储备吞吐调控作用。健全完善粮食市场监测预警体系，加强信息发布和政策宣传解读，引导和管理市场预期。

（来源：国家粮油信息中心承担的 2022 年度国家粮食和物资储备局软科学课题《2022—2035 年我国粮食供需及贸易趋势预测》。课题负责人：李喜贵，课题组成员：王辽卫、谌琴、郑祖庭、齐驰名、刘石磊、孙恒、丁艳明、冯立坤，中国粮食研究培训中心张慧杰、王娟摘编，王世海审核）

立足国际国内市场
探索玉米进口多元路径

　　玉米是我国三大主粮之一，是工业和养殖业的重要物质基础。近年来，随着我国玉米消费量不断增加，玉米进口贸易快速增长，玉米供求形势已由供需紧平衡向供不足需转变。为满足国内玉米消费需求，系统分析全球玉米市场供求形势及主要国家玉米进出口情况，在巩固传统玉米进口国家基础上，重点挖掘"一带一路"国家农业生产潜力，通过进口方式多元化、开展易货贸易等方式拓展玉米进口来源，提升玉米进口量意义重大。

一、全球玉米市场供求分析

　　（一）**播种面积增幅明显**。从过去 3 年全球玉米种植面积月度变化情况来看，2021 年 7 月以来全球玉米播种面积增幅明显，总种植面积呈扩大趋势。美国农业部数据显示（下同），种植面积前 10 位依次是中国（21%）、美国（17.2%）、巴西（10.4%）、印度（4.8%）、欧盟（4.4%）、墨西哥（3.6%）、阿根廷（3.2%）、尼日利亚（3.0%）、乌克兰（2.7%）、坦桑尼亚（2.0%），合计占比 72.4%，其中排名前 5 位国家种植面积占比 57.8%。

　　（二）**产量呈较大幅度增长**。全球玉米前十大主产国主要集中在美洲、亚洲等地，如美国、中国以及墨西哥等国家。玉米前十大主产国产量合计占全球的85.2%，其中排名前五位国家玉米产量合计占比74.4%。从增速上看，截至2021年9月，全球玉米总产量同比增加7.22%。自2021年5月以来，与2020年同期相比，每月产量均有较大幅度增长。

（三）**消费集中且增速加快**。玉米消费从2010/2011年度的8.68亿吨增长至2020/2021年度的11.42亿吨，累计增幅32%，年复合增长速度2.8%。2021/2022年度，预计全球玉米总消费量增至11.71亿吨，中国、印度等国家的玉米消费量同比均有所增加。根据美国农业部2021年9月发布的数据，美国、中国、欧盟、巴西、墨西哥、印度、埃及、越南、日本和加拿大是全球玉米前十大主要消费国，其消费量分别占全球玉米总消费量的26.7%、25.1%、6.5%、6.2%、3.8%、2.5%、1.4%、1.4%、1.4%和1.3%，合计占比76.4%，其中排名前五位国家玉米消费量合计占比68.3%。2021年中美两国玉米消费量合计占比超过50%。

二、全球主要国家玉米进出口分析

（一）**贸易规模不断扩大**。预计2021/2022年度全球玉米贸易量将达到1.91亿吨，较2017/2018年度增加约24%。截至2021年9月，全球玉米进口规模约1.86亿吨，比2016年的1.38亿吨增加约34.3%。中国是世界玉米第一大进口国，进口规模占世界玉米总进口量的14%。其次是墨西哥、日本、欧盟、越南、韩国、埃及、哥伦比亚、伊朗、阿尔及利亚等国，前十大进口国玉米进口规模合计占比约67%，其中排名前五位国家玉米进口量合计占比45%。

（二）**出口量波动上升**。截至 2021 年 9 月，全球玉米出口规模达 2.01 亿吨，比 2016 年的 1.62 亿吨增加约 24.2%。玉米出口国集中度高，其中美国出口规模占比 31%，其次是巴西、阿根廷和乌克兰，出口量分别占比 21%、19% 和 16%，前四大玉米出口国出口规模合计占比约 87%。法国、欧盟、南非、巴拉圭、塞尔维亚和印度等国的出口规模占全球比重在 1%—2%。

三、"一带一路"沿线国家玉米贸易情况

2010—2014 年，美国是我国玉米进口第一大国，我国从美国进口玉米占比超过 90%，且进口渠道单一。2013 年，我国大力实施"一带一路"倡议，不断深化贸易合作，自乌克兰、俄罗斯等国玉米进口量逐年增长。2014 年，自乌克兰进口玉米占比跃居第二位，达到 37.1%。之后，乌克兰正式取代美国成为我国玉米进口第一大来源国，美国次之。2021 年 1—11 月，我国玉米进口主要来自美国，占进口总量的 72.5%；乌克兰占 27.1%；俄罗斯占 0.3%。总体看，2010—2019 年，中国对美国和乌克兰的玉米依赖度较高。过度依赖美国和乌克兰玉米，均存在较大风险。在其他主要贸易伙伴中，印度、俄罗斯、缅甸、泰国等国家可依赖度较高，可适度增加进口量。

四、拓展我国玉米进口贸易渠道的对策建议

（一）**巩固传统玉米进口国，发展潜在玉米进口国**。拓展玉米进口渠道，实现玉米进口来源多元化，是保障国家粮食安全的重要举措。保加利亚、俄罗斯、老挝、缅甸是我国传统玉米进口国，应进一步巩固并促进与传统进口国的农业合作。同时，应重点挖掘"一带一路"沿线国家农业生产潜力，重点谋划一批如巴西、阿根廷、印度、墨西哥等玉米出口量大的国家作为潜在玉米进口国。实现玉米进口多元化，增加玉米进口数量。

（二）**充分挖掘玉米出口国市场潜力，推进我国玉米进口多元化**。从长远来看，为改变外部货源过于集中的现状，丰富中国玉米进口市场，降低对美国进口玉米依赖度，引入其他玉米出口市场，成为更为合理的选择。尤其是在中、美玉米非收获季节，重点挖掘从南半球进口玉米潜力，充分利用南北半球季节性互补优势，多从以巴西为主的南半球国家补充货源，降低仓储成本和供给不确定性，平抑价格波动。

（三）**以玉米贸易为契机，拓宽多边农产品贸易与投资领域**。鼓励国内龙头企业"走出去"，创新在玉米主产国尤其是"一带一路"国家投资合作方式。从长远来看，应进一步降低物流成本，为获取玉米等土地密集型产品创造便利条件。做好基础设施互联互通战略升级准备，用节能、环保的方式辅助提升当地农业基础设施建设，改善境内交通与物流条件并加快产销物流技术升级。

（四）**政府发挥引领作用，充分发挥我国外交资源优势**。从战略上重视国际玉米市场贸易关系，如中巴双方同属"金砖国家"，均为新兴经济体，具备一定的贸易共识与合作基础，双方外交资源

丰富。我国政府应充分发挥外交优势，积极搭建双边贸易平台，在检疫、物流等领域加强合作，为玉米流向中国市场奠定外部基础。

（来源：国家粮食和物资储备局粮食交易协调中心承担的 2022 年度国家粮食和物资储备局软科学课题《依托"一带一路"基础设施工程建设打开玉米进口贸易新局面研究》。课题负责人：罗文娟，课题组成员：王新、赵璐、史洁琼、于丽丽、毕毅琛、陈鹏、赵成真、李佩璇，中国粮食研究培训中心胡耀芳、刘珊珊摘编，王世海审核）

提升沿海港口集群
"北粮南运"效能研究
——以辽宁省为例

辽宁省紧邻渤、黄二海,沿海港口集群地理优势显著。近年来,辽宁积极推进与江苏、上海建立跨域合作机制,有力推动了东北地区与长三角一体化发展的协同振兴,有效促进了北粮南运大通道的良性发展,为全国主产区、主销区、平衡区的粮食市场保供稳价提供了有力支撑。

一、北粮南运发展现状

(一)东北三省一区的粮食生产情况。 东北三省一区(黑、吉、辽和内蒙古)2021 年的粮食产量总量为 16254.9 万吨,人均粮食产量 1.598 吨,远超全国人均粮食占有量 483 公斤,更高于国际公认的粮食安全线 400 公斤。其中仅黑龙江省每年粮食调出量就约占全国的 1/3 以上,为辽宁沿海港口集群北粮南运提供了优质粮源和发展契机,也为全国粮食市场贸易保供稳价打下了坚实基础。

(二)辽宁沿海港口集群"北粮南运"成效显著。 2021 年 9 月,《辽宁沿海经济带高质量发展规划》正式印发,标志辽宁海岸线长达 2920 公里的沿海经济带迈入新发展阶段。以营口港(鲅鱼圈）、大连港为主，丹东港、盘锦港、绥中港为辅的北粮南运发展格局基本形成。其中营口港为北粮南运主要港口，兼顾接收国际贸易进口大豆；大连港在发展北粮南运基础上，同时承担进口大豆与出口大米业务；丹东港为北粮南运主要支持性港口，盘锦港、绥中港主要服务临港产业发展。以营口港为例，现有 7 个粮食泊位（含通用泊位），总通过能力 1232 万吨 / 年（不含集装箱粮食），散船昼夜装卸船能力可达 10 万吨；共有专业粮食筒仓 59 个，堆存能力可达 40 万吨，粮食平房仓及其他仓库 19 个，堆存能力 50 万吨，总计堆存能力 90 万吨。2021 年，营口港北粮南运玉米达 318.5 万吨，其中公路 171.8 万吨，铁路 146.7 万吨。粮食货源地主要来自东北三省及内蒙古东部地区，其中黑、吉、辽、蒙东地区分别占比 50%、25%、20%、5%。南运目的地主要为长江流域、两广地区、福建地区及山东地区，占比分别为 35%、50%、5%、10%。

二、北粮南运面临的挑战

（一）**沿海港口吞吐量呈下滑趋势**。近年来，受全国经济下行压力、东北产区深加工企业扩能、南方进口玉米替代等因素影响，辽宁沿海港口的北粮南运形势不容乐观。如营口港在 2021 年，累计完成北粮南运吞吐量仅 2231 万吨，同比减少 1084 万吨，减幅达 32.7%。其中散粮减幅 39.4%，集装箱减幅 31.4%。

（二）**北粮南运支持政策有待完善**。一是土地支持。辽宁各港口发展集疏运一体化趋势明显，地方政府对粮食深加工企业、饲料企业建设用地支持力度不足，推动北粮南运协同项目落户港口周边的土地支持政策有待加强。二是保税措施。对粮食交易平台注册的企业和粮食交易平台指定的临港交收库,在征收企业所得税、增值税等税收优惠政策扶持力度有待增强。三是绿色通道。因各港口吞吐量与日俱增,铁路停限装、临港外库道路拥堵成为制约北粮南运的因素之一。出台"绿色通道"政策,确保入港粮食铁路物流通畅,完善临港外库路网,增加南北通行干道成为当务之急。四是企业降本。近年来,北粮南运经营主体负担不断加重,议价能力较低,车辆调度、自购散粮运输车要向铁路部门缴纳维护和上路费用,导致港口运营综合成本高企、利润下降,北粮南运经营主体经济压力增大。

三、相关政策建议

(一)**促进粮食安全政策有效衔接。**辽宁沿海各港口应抓住RCEP 签署机遇,深化与日、韩等国的产业战略合作,保障"辽满欧""辽蒙欧""辽海欧"交通运输国际通道有序推进。进一步优化布局,加强大连等地基础设施建设,缓解仓容压力,推进盘锦、锦州港口及阜盘铁路等交通设施建设,支持港口粮食装卸设施和企业铁路专用线建设,配合丹东港扩容对丹东市直粮食企业和中储粮丹东直属库等重点企业实施"退城进郊"计划,进一步提升粮食海铁联运能力。

(二)**做好北粮南运"三篇大文章"。**一是改造升级"老字号"。借助"数字辽宁、智造强省"数字产业政策支持优先序,缩短沿海各港口的北斗智能船型设计周期,为研发散货船、集装箱船、油船等主流船型保驾护航,促进海工装备及高技术船舶的产业集群建设高质量发展。二是深度开发"原字号"。以"粮头食尾、农头工尾"为抓手,延伸提升沿海各港口粮食产业链条收益,构建独具特色的粮油加工产业集群。打造"辽宁好粮油"区域品牌，力推高端优质稻米、杂粮产品；引进国内外优质资本，加强植物油、玉米深加工产能布局；发挥饲料产业优势，拉长产业链，培育一批饲养一体化龙头企业等。三是多式联运"新字号"。深挖各港口基础设施建设，与东北腹地运输资源整合，推进港口设施项目群建设，大力发展"公海铁"多式联运，开辟融入东北亚经贸格局的陆海物流新通道，有效提高各港口经济收益。

（三）**激活服务主体内生动力**。一是从土地支持政策、税收减免优惠和道路运输等方面，积极为北粮南运经营主体纾忧解困，挖掘各港口的内生动力，筑牢北粮南运基础设施建设。二是借助"全国统一大市场"先行先试等典型示范工程，获取国家专项政策支持，提升港口智能化、数字化运营水平和集疏运效率。三是通过粮食物流数字化、标准化"双擎驱动"，为北粮南运通道软件升级换代。与大连商品交易所深度合作，加强国家级粮食交易中心平台建设，促进期货、现货市场双活跃，布局以辽宁为中心的粮食贸易数字化网络。四是建立北粮南运"辽宁标准"，鼓励省属企业率先推出"辽宁标准 e 系列"粮食流通一体化服务，精准对接产销加各方，降低市场交易成本，减少粮食损失，用全方位高质量服务为国内外各方粮食流通赋予"辽宁印记"。

（来源：辽宁省粮食和物资储备局、沈阳师范大学承担的 2022 年度国家粮食和物资储备局软科学课题《提升沿海港口集群"北粮南运"的效能研究——以辽宁省为例》。课题负责人：张玉超、董生忠，课题组成员：柴玉军、张宇驰、韩鲁滨、党伟、荆美玲、杨来宗、梁永昊、张良，中国粮食研究培训中心王娟、张慧杰、刘珊珊摘编，王世海审核）

责任编辑：刘敬文

责任校对：白　玥

图书在版编目（CIP）数据

粮食和物资储备改革发展研究 . 2022 / 中国粮食研究培训中心，国家粮食
　　和物资储备局软科学评审专家委员会编 . — 北京：人民出版社 , 2023.3
ISBN 978 - 7 - 01 - 025493 - 7

I.①粮…　 II.①中…②国…　 III.①粮食 - 国家储备 - 研究 - 中国 - 2022
　　②国家物资储备 - 研究 - 中国 - 2022　 IV. ① F324.9 ② F259.21

中国国家版本馆 CIP 数据核字 (2023) 第 044238 号

粮食和物资储备改革发展研究

LIANGSHI HE WUZI CHUBEI GAIGE FAZHAN YANJIU

(2022)

中国粮食研究培训中心

国家粮食和物资储备局软科学评审专家委员会

人民出版社 出版发行

（100706　北京市东城区隆福寺街 99 号）

中煤（北京）印务有限公司印刷　新华书店经销

2023 年 3 月第 1 版　2023 年 3 月北京第 1 次印刷

开本：710 毫米 ×1000 毫米 1/16　印张：13.25

字数：154 千字

ISBN 978 - 7 - 01 - 025493 - 7　定价：55.00 元

邮购地址 100706　北京市东城区隆福寺街 99 号

人民东方图书销售中心　电话（010）65250042　65289539